내가 너희에게 복을 주리라!
I Will Bless You!

변승우 지음

거룩한진주

CONTENTS

1 하나님께서 우리 교회와 성도님들에게
복을 부어주실 것입니다. 15

2 하나님께서 우리 교회와 성도님들을
보호해주실 것입니다. 27

3 하나님께서 우리 교회와 성도님들에게
은혜를 부어주실 것입니다. 47

4 하나님께서 우리 교회와 성도님들에게
평강을 부어주실 것입니다. 69

"

여호와께서 모세에게 말씀하여 이르시되

아론과 그의 아들들에게 말하여 이르기를

너희는 이스라엘 자손을 위하여 이렇게 축복하여 이르되

여호와는 네게 복을 주시고 너를 지키시기를 원하며

여호와는 그의 얼굴을 네게 비추사 은혜 베푸시기를 원하며

여호와는 그 얼굴을 네게로 향하여 드사

평강 주시기를 원하노라 할지니라 하라

그들은 이같이 내 이름으로 이스라엘 자손에게

축복할지니 내가 그들에게 복을 주리라

"

민수기 6:22-27

　많은 설교자들이 그렇듯이 저도 좋은 설교를 들으면 설교 구상이 떠오르곤 합니다. 최근에 세 번 그런 일이 있었습니다. 먼저, 박세훈 목사님이 예수님께 성령이 비둘기같이 임하여 머물러 계셨던 것을 본문으로 우리가 성령을 받을 뿐 아니라 머무르게 하여 성령의 강의 수위가 1천 척, 2천 척, 3천 척, 4천 척 차오르게 해야 영적인 돌파가 일어난다는 설교를 할 때 이에 대한 매우 구체적인 설교가 저에게 임했습니다. 다음으로, 이동기 목사님이 사사모 때 항상 기뻐하라는 부분을 설교할 때 우리가 어떻게 항상 기뻐할 수 있는지에 대한 구체적이고 심오한 설교가 임했습니다. 마지막으로, 지난주 목요일 나라와 교회를 위한 21일 특별기도회 때 김옥경 목사님의 설교를 들을 때 저에게 계시적으로 설교가 부어졌습니다. 다른 설교들은 언제 할지 저도 모릅니다. 계속 다른 설교들에 밀려 아예 못할 수도 있습니다. 그러나 목요일에 임한 설교는 오늘 하라는 감동을 주셨기 때문에 급히 준비하였습니다.

지난 주 목요일 김옥경 목사님이 홀로 본당에서 기도하다가 천장을 보았는데, 천장 전체에 예수님의 얼굴 모습이 나타나서 소스라치게 놀랐다고 합니다. 주님의 얼굴은 굉장히 자애롭고 미소를 띠고 있었고 흐뭇하게 보고 계셨다고 합니다. 그런데 김옥경 목사님은 과거에 주님의 얼굴을 볼 때마다 큰 복이 임했다고 합니다. 그래서 이번에 본당 천장 크기의 주님의 얼굴을 보고 도대체 얼마나 큰 복을 우리에게 부어주실지 가늠조차 되지 않는다고 하셨습니다.

예수님의 얼굴과 복의 관계가 생소할 수도 있지만 이것은 성경적입니다. 그것을 하나님의 얼굴이라는 뜻의 브니엘에서 일어난 일이 뒷받침해줍니다.

창세기 32:26, 29-30 "그가 이르되 날이 새려하니 나로 가게 하라 야곱이 이르되 당신이 **내게 축복하지 아니하면 가게 하지 아니하겠나이다.** … 야곱이 청하여 이르되 당신의 이름을 알려주소서. 그 사람이 이르되 어찌하여 내 이름을 묻느냐 하고 **거기서 야곱에게 축복한지라.** 그러므로 야곱이 그 곳 이름을 브니엘(하나님의 얼굴)이라 하였으니 그가 이르기를 **내가 하나**

님과 대면하여 보았으나 내 생명이 보전되었다 함이더라."

어떻습니까? 하나님의 얼굴을 대면한 것과 복이 서로 관계가 있지요!

또한, 김옥경 목사님이 예수님의 얼굴을 본 후 그 의미에 대해 하나님께 받은 민수기 6장 23-27절도 이것을 뒷받침해 줍니다.

"아론과 그의 아들들에게 말하여 이르기를 너희는 이스라엘 자손을 위하여 이렇게 축복하여 이르되 **여호와는 네게 복을 주시고 너를 지키시기를** 원하며 여호와는 **그의 얼굴을 네게 비추사 은혜 베푸시기를** 원하며 여호와는 **그 얼굴을 네게로 향하여 드사 평강 주시기를 원하노라** 할지니라 하라. 그들은 **이같이 내 이름으로 이스라엘 자손에게 축복할지니 내가 그들에게 복을 주리라.**"

이 구절에서도 이스라엘 백성들에게 임할 복이 하나님이 얼굴을 비추시고 얼굴을 이스라엘 백성들을 향해 드신 것의 결과로 나타나 있기 때문입니다. 이처럼 예수님의 얼굴을 볼 때마다 큰 복이 임했다는 말은 성경적인 것입니다. 그러므로 여러분 모두 우리 교회와 여러분에게 임할 복을 기대하시기 바랍니다.

    본문은 매우 유명합니다. 데니스 T. 올슨은 "민수기 6:22-27은 민수기 전체에서 가장 널리 알려진 것"[1]이라고 했습니다. 또, 윌리엄 벨링거도 "본문은 민수기에서 가장 유명한 구절이며 유대 전통과 기독교 전통에서 지금까지 축도문으로 사용하고 있다."[2]고 말했습니다. 실제로 율법에 대한 유대인들의 권위 있는 해석인 미쉬나(Mishnah)는 이 구절들을 회당예배의 마지막에 선포하도록 규정했습니다. 또, 유대인인 부흥신학대학 학장 마이클 브라운 박사도 히브리어로 아론의 축도를 함으로써 예배를 마쳤습니다. 또, 많은 교회들이 주일예배 마지막에 이 구절들을 축도로 사용해왔고,[3] 우리 교단 양병일 목사님도 이 구절들로 축도를 하고 있습니다.

    그런데 하나님께서 이 구절에 나타나 있는 복을 우리 교회와 성도님들에게 부어주시기로 작정하셨습니다. 그러므로 오늘은 우리가 앞으로 받게 될 이 구절들의 복을 자세히 알아보고자 합니다.

---

1 데니스 T. 올슨 『현대성서주석, 민수기』 차종순 옮김. 서울: 한국장로교출판사, 2007. p. 77.
2 윌리엄 벨링거 『레위기, 민수기』 김진선 옮김. 서울: 성서유니온, 2016. p. 281.
3 데니스 T. 올슨 『현대성서주석, 민수기』 차종순 옮김. 서울: 한국장로교출판사, 2007. p. 77.

## 1

하나님께서
우리 교회와 성도님들에게
복을 부어주실 것입니다.

민수기 6:24 **"여호와는 네게 복을 주시고"**

그런데 이에 대해 자세히 설명하기 전, 해결해야 할 문제가 있습니다. 여러분은 본문에서 말씀하고 있는 복이 몇 개라고 생각하십니까? 세 개일까요? 네 개일까요?

저는 본문에서 하나님께서 말씀하시고 있는 복이 1. 복, 2. 보호, 3. 은혜, 4. 평강 등 네 가지라고 생각합니다. 그래서 데니스 T. 올슨이 본문의 복에 대해 쓴 다음 글을 읽고 당황했습니다.

"히브리어에서, 24절에 있는 축복의 첫 번째 행은 세 단어로, 두 번째 행은 다섯 단어로, 세 번째 행은 일곱 단어로 구성되어 있다. 단어의 숫자가 점진적으로 많아지는 것은 한 사람의 제사장으로부터 보다 더 넓은 공동체로 하나님의 축복이 흐르는 외향적으로 운동을 반사하는 것이다. **축복을 구성하는 세 행은 각각 두 개의 절로 짜여져 있다. 첫 번째 절은 백성들을 향한 하나님의 움직임을 기원하며(복을 주시고, 얼굴을 네게 비추사, 얼굴을 네게로 향하여 드사), 두 번째 절은 백성을 향한 이 신적인 세 가지의 움직임의 결과를 거명한다(너를 지키시기를, 은혜 베풀기를, 평강 주시기를).** (Miller, pp. 240-251; Fishbane, 'Forms and Reformulation,' pp. 115-121). 주 하나님(야웨)은 이 세 행의 첫 번째 절에서 주어로 명백하게 거명되어 있다. 그 하나님이 축복의 원천이라는 것은 27절의 결론적인 선언에서 다시 한번 강조되어 있다." [4]

저는 이것을 읽고 '어? 네 가지 복인 줄 알았는데 3가지네. 역시 학자들은 달라. 주석을 안 읽었으면 실수할 뻔했네!'라고 생각했습니다. 그래서 설교 대지를 4개에서 3개로 변경했습니다.

그날 밤, 저는 밤늦게까지 설교 준비를 했습니다. 그리고 집에 가서 자는데 잠이 영 오질 않았습니다. 그래서 새벽 3시에 일어나 5시까지 기도를 했습니다. 그때 이 설교에 대한 추가

---

[4] 데니스 T. 올슨 『현대성서주석, 민수기』 차종순 옮김. 서울: 한국장로교출판사, 2007. p. 78.

적인 깨달음들이 다시 왔습니다. 그래서 그것을 쓰고 난 후였는데, 갑자기 본문이 읽고 싶어져서 읽어보고 깜짝 놀랐습니다. 왜냐하면 갑자기 본문에서 데니스 T. 올슨의 주장이 틀렸다는 것이 선명하게 보였기 때문입니다.

데니스 T. 올슨은 그가 쓴 『현대성서주석』에서 본문의 복을 다음과 같이 일정하게 정리했습니다.

"여호와는 네게 복을 주시고 / 너를 지키시기를 원하며
여호와는 그의 얼굴을 네게 비추사 / 은혜 베푸시기를 원하며
여호와는 그 얼굴을 네게로 향하여 드사 / 평강 주시기를 원하노라."

그러면서 아론이 축복한 복이 3개라고 주장했습니다. 그러나 이렇게 나누지 말고 다음과 같이 나눠야 합니다.

"여호와는 / 네게 복을 주시고 너를 지키시기를 원하며
여호와는 그의 얼굴을 네게 비추사 / 은혜 베푸시기를 원하며
여호와는 그 얼굴을 네게로 향하여 드사 / 평강 주시기를 원하노라."

본문을 이렇게 나눠야 하는 이유는 다음 두 가지입니다.

1. 하나님께서 우리 교회와 성도님들에게 복을 부어주실 것입니다.

첫째로, 25절과 26절에서 아론은 "네게 비추사", "네게로 향하여 드사"라고 했습니다. 그러므로 데니스 T. 올슨의 구분이 맞으려면 24절도 "네게 복을 주사"가 되어야 합니다. 그런데 "네게 복을 주시고"로 되어 있습니다.

물론 원어에는 셋 다 동사고 번역본에 나타나는 이런 차이가 나타나 있지 않습니다. 그럼에도 불구하고 우리는 모든 번역본들이 "복을 주사"가 아니라 "복을 주시고"라고 번역하고 있다는 점에 주목해야 합니다. 이것은 학자들이 공통적으로 저와 같이 이해했다는 것을 뜻하기 때문입니다.

또, 데니스 T. 올슨은 세 구절이 각각 두 개의 절로 짜여져 있고, 첫 번째 절은 백성들을 향한 하나님의 움직임(복을 주시고, 얼굴을 네게 비추사, 얼굴을 네게로 향하여 드사), 두 번째 절은 백성을 향한 이 신적인 세 가지의 움직임의 결과(너를 지키시기를, 은혜 베풀기를, 평강 주시기를)를 말한 것이라고 했습니다. 그러나 "복을 주시고"가 단순히 하나님의 움직임이라고 말할 수 있을까요? 25-26절의 첫 번째 절과 달리 움직임의 결과로 보는 것이 더 자연스럽습니다.

또한, 25-26절에는 '하나님의 얼굴'이 나오는데 24절은 단지 '하나님'만 나옵니다. 저는 이런 차이가 24절은 일반적인 복을 다루고 있고 그런 복의 근원이 하나님이라는 것을 뜻하지만, 25-26절은 신령한 복들을 다루고 있고(혹은 포함하고 있고) 그것은 단지 하나님에게서 나오는 것이 아니라 하나님과의 관계에서 비롯되는 것임을 의미한다고 생각합니다. 그러므로 24절은 일반적인 복을 복과 보호 두 가지로 요약하고 25-26절은 영적인 복 두 가지를 하나씩 다룬 것이라고 보아야 합니다.

둘째로, 24절에서 하나님이 복을 주셨고 그 복이 보호라면 굉장히 부자연스럽습니다. 왜냐하면 복을 여러 축복과 연결시키는 경우는 많아도 단순히 지킴을 뜻하는 경우가 없기 때문입니다. 그래서 이에 대한 데니스 T. 올슨의 설명도 굉장히 부자연스럽습니다. 솔직히 헬라어 원문만 보면 둘 다 가능합니다. 그런데도 제가 데니스 T. 올슨의 견해가 틀렸다고 보는 결정적인 이유가 바로 이것입니다.

또, 생각해보십시오. 광야생활을 하던 이스라엘 백성에게 필요한 것이 단지 보호일까요? 아닙니다. 그 전에 물과 음식과 생필품이 닳지 않는 것과 구름기둥과 불기둥을 통한 냉방과 보온이 더 필요했습니다. 이런 것이 주어지지 않으면 그것으로 죽었을 것이기 때문에 보호가 무의미합니다. 그런데 복이 과연 보호만을 뜻할까요? 또, 복을 주시지 않으면 지킬 것도 없는 것 아닌가요? 그래서 저는 본문에 나타난 복이 3가지가 아니라 4가지라고 생각합니다.

여기서 학자들과 목사님들에게 꼭 해주고 싶은 말이 있습니다. 그것은 자꾸 표를 만들고 뭔가 그럴듯하게 도식화하는 것을 그만두라는 것입니다. 자꾸 그럴듯하게 보이는 도식을 만들어내려고 하지 말고 그냥 단순히 성경을 읽고 각 구절의 의미가 무엇인지 파악하는 일에 주력하십시오. 그래야 학자들이 빈번하게 범하는 이런 실수를 저지르지 않고 성경을 바르게 이해하고 해석할 수가 있습니다.

이제, 아론의 축도에 나타나 있는 첫 번째 복을 살펴봅시다.

민수기 6:24 **"여호와는 네게 복을 주시고"**

우선 이것은 복의 근원이 하나님이라는 것을 보여줍니다. 25-26절도 마찬가지고 27절에도 그것이 나타나 있습니다. 복은 내가 원한다고 받을 수 있는 것이 아니라 하나님의 선물입니다. 그래서 성경에 이렇게 기록되어 있는 것입니다.

예레미야애가 3:38 "화와 **복이 지존자의 입으로부터 나오지 아니하느냐?"**

이사야 65:16 "이러므로 **땅에서 자기를 위하여 복을 구하는 자는 진리의 하나님을 향하여 복을 구할 것이요."**

이처럼 복은 하나님이 주시는 것입니다. 그런데 하나님께서 우리 교회와 여러분에게 큰 복을 주실 것입니다. 그것을 믿으시기 바랍니다.

그러면, 이 구절에서 하나님께서 말씀한 복이 무엇일까요? 이상근 박사님은 그것이 "육적이고 물질적인 복"[5] 이라고 제대로 간파했습니다. 또, 왕대일 교수님은 더 자세히 이렇게 설명했습니다.

"구약에서 **이 복의 내용**은 단순히 추상적이거나 정신적이거나 영적인 것이 아니다. **구약에서 하나님이 주시는 복은 주로 물질적인 풍성함으로 이루어진다.** 구체적으로 자손들의 번영(창 28:3; 신 1:11), 재산과 부의 풍요(창 24:35), 땅 차지(창 53:12; 48:3), 비옥, 건강, 승리(신 7:12-16), 힘과 평강(시 29:11) 등이 복의 내용이 된다. 이처럼 전적인 **물질적 축복에 대한 완벽한 목록은 신명기 28:3-14를 보라**(참조. 창 17:16; 27:10; 출 23:25; 신 7:13; 14:24; 16:15; 욥 1:10; 42:12)"[6]

신명기 28:1-8, 11-13 "네가 네 하나님 여호와의 말씀을 삼가 듣고 내가 오늘 네게 명령하는 그의 모든 명령을 지켜 행하면 네

---

5 이상근 『레위기, 민수기 상』 서울: 기독교문사, 2008. p. 307.
6 왕대일 『민수기』 서울: 대한기독교서회, 2007. p. 204.

하나님 여호와께서 너를 세계 모든 민족 위에 뛰어나게 하실 것이라. 네가 네 하나님 여호와의 말씀을 청종하면 이 모든 복이 네게 임하며 네게 이르리니 성읍에서도 복을 받고 들에서도 복을 받을 것이며 네 몸의 자녀와 네 토지의 소산과 네 짐승의 새끼와 소와 양의 새끼가 복을 받을 것이며 네 광주리와 떡 반죽 그릇이 복을 받을 것이며 네가 들어와도 복을 받고 나가도 복을 받을 것이니라. 여호와께서 너를 대적하기 위해 일어난 적군들을 네 앞에서 패하게 하시리라. 그들이 한 길로 너를 치러 들어왔으나 네 앞에서 일곱 길로 도망하리라. 여호와께서 명령하사 네 창고와 네 손으로 하는 모든 일에 복을 내리시고 네 하나님 여호와께서 네게 주시는 땅에서 네게 복을 주실 것이며 … 여호와께서 네게 주리라고 네 조상들에게 맹세하신 땅에서 네게 복을 주사 네 몸의 소생과 가축의 새끼와 토지의 소산을 많게 하시며 여호와께서 너를 위하여 하늘의 아름다운 보고를 여시사 네 땅에 때를 따라 비를 내리시고 네 손으로 하는 모든 일에 복을 주시리니 네가 많은 민족에게 꾸어줄지라도 너는 꾸지 아니할 것이요. 여호와께서 너를 머리가 되고 꼬리가 되지 않게 하시며 위에만 있고 아래에 있지 않게 하시리니"

여러분, 이것이 바로 올해 하나님께서 우리 교회와 여러분에게 부어주실 복입니다. 물론 단지 우리 교회에 다닌다고 모두 이 복을 받게 되는 것은 아닙니다. 하나님의 말씀을 잘 듣고 순종해야 합니다. 그런데 감사하게도 우리 교회의 성도들은 대다수가 그런 분들입니다. 그래서 하나님께서 복을 약속하신 것입니다. 그러므로 그런 성도님들에게 이 말씀에 기록되어 있는 복이 실제로 임할 것입니다. 또, 그렇지 못한 일부 성도님들도 아직 늦지 않았습니다. 오늘 회개하고 하나님의 말씀을 잘 듣고 순종하는 성도가 되십시오. 그러면 여러분 모두 하나님이 부어주시기 원하시는 복을 받을 수 있습니다.

2

하나님께서
우리 교회와 성도님들을
보호해주실 것입니다.

민수기 6:24 "**여호와는** 네게 복을 주시고 **너를 지키시기를 원하며**"

우리 하나님이 어떤 분입니까? 하나님은 우리의 목자이십니다.

시편 23:1 "여호와는 **나의 목자**시니 내게 부족함이 없으리로다."

그런데 목자의 임무 중 하나가 무엇입니까? 양을 지키고 보호하는 것입니다. 그것이 목동이었던 다윗의 고백에 잘 나타나 있습니다.

사무엘상 17:34-35 "**다윗**이 사울에게 말하되 **주의 종이 아버지**

의 양을 지킬 때에 사자나 곰이 와서 양 떼에서 새끼를 물어가면 내가 따라가서 그것을 치고 그 입에서 새끼를 건져내었고"

그런데 하나님이 우리의 목자이십니다. 때문에 다윗은 이렇게 고백했습니다.

시편 23:4 "내가 사망의 음침한 골짜기로 다닐지라도 해를 두려워하지 않을 것은 주께서 나와 함께 하심이라. 주의 지팡이와 막대기가 나를 안위하시나이다."

그러므로 여러분 모두 하나님의 보호를 믿고 두려워하지 마시기 바랍니다.

시편 기자는 시편 121편에서 우리를 보호하시는 하나님을 이렇게 노래했습니다.

시편 121:5-8 "여호와는 너를 지키시는 이시라. 여호와께서 네 오른쪽에서 네 그늘이 되시나니 낮의 해가 너를 상하게 하지 아니하며 밤의 달도 너를 해치지 아니하리로다. 여호와께서 너를 지켜 모든 환난을 면하게 하시며 또 네 영혼을 지키시리로다. 여호와께서 너의 출입을 지금부터 영원까지 지키시리로다."

우리는 내가 믿는 하나님이 어떤 분인지 알아야 합니다. 하나님을 구원자로 믿는 사람은 구원을 받습니다. 하나님을 치료자로 믿는 사람은 치료를 받습니다. 마찬가지로 하나님을 보호자로 믿는 사람은 보호를 받습니다. 그런데 하나님은 우리의 구원자요 치료자이실 뿐 아니라 지키시는 분입니다. 그러므로 하나님의 보호를 믿고 담대한 저와 여러분 되시기 바랍니다.

여러분 모두 얼마 전 박세훈 목사님이 비가 내리는 캄캄한 날 밤길에 자동차전용도로를 100킬로로 달리고 있는데 갑자기 술 취한 사람이 나타나 받을 수밖에 없는 상황에서 하나님께서 순간적으로 다른 차선으로 이동시켜주셔서 보호해주신 간증을 들으셨을 것입니다. 물론 하나님은 항상 그런 극적인 방법으로 우리를 보호하시지는 않습니다. 그러나 우리를 보호하시는 하나님은 모든 신자에게 수호천사를 붙여주셨습니다. 그 천사들이 실제로 우리를 보호합니다. 그러므로 우리 눈으로 보지 못해서 그렇지, 나중에 천국에 가면 하나님께서 천사들을 통해 우리를 얼마나 자주 보호하셨는지 알게 되고 놀라게 될 것입니다. 그러므로 우리는 하나님의 보호를 굳게 믿고 신뢰해야 합니다.

끝으로, 24절에 나타나 있는 두 가지 복을 합해보십시오. 어떤 뜻이 됩니까? 복을 주시는 분도 하나님이고 그것을 누리게 하시는 분도 오직 하나님이라는 뜻이 됩니다.

전도서 5:19 "또한 **어떤 사람에게든지 하나님이 재물과 부요를 그에게 주사 능히 누리게 하시며** 제 몫을 받아 수고함으로 즐거워하게 하신 것은 **하나님의 선물**이라."

그런데 바로 다음 장에서 솔로몬은 이렇게 말했습니다.

전도서 6:1-2 "내가 해 아래에서 **한 가지 불행한 일이 있는 것**을 보았나니 이는 사람의 마음을 무겁게 하는 것이라. **어떤 사람은 그의 영혼이 바라는 모든 소원에 부족함이 없어 재물과 부요와 존귀를 하나님께 받았으나 하나님께서 그가 그것을 누리도록 허락하지 아니하셨으므로 다른 사람이 누리나니 이것도 헛되어 악한 병이로다.**"

실제로 만인이 부러워하는 복을 받았으나 병약하거나 단명해서 누리지 못하는 사람들이 세상에는 많습니다. 이처럼 복을 받는 것도 그것을 누리는 것도 우리 마음대로 안 됩니다. 둘 다 하나님의 선물입니다. 그래서 우리는 받은 복과 건강과 생명을 당연한 것으로 여기면 안 됩니다. 저는 자주 이 두 가지에 대해 하나님께 감사드립니다. 여러분도 꼭 그렇게 하시기 바랍니다.

누가복음 12:16-21 "또 비유로 그들에게 말하여 이르시되 **한 부자가 그 밭에 소출이 풍성하매** 심중에 생각하여 이르되 **내가 곡식 쌓아 둘 곳이 없으니 어찌할까** 하고 또 이르되 내가 이렇게 하리라 내 곳간을 헐고 더 크게 짓고 내 모든 곡식과 물건을 거기 쌓아 두리라. 또 내가 내 영혼에게 이르되 영혼아 여러 해 쓸 물건을 많이 쌓아 두었으니 평안히 쉬고 먹고 마시고 즐거워하자 하리라 하되 **하나님은 이르시되 어리석은 자여 오늘 밤에 네 영혼을 도로 찾으리니 그러면 네 준비한 것이 누구의 것이 되겠느냐** 하셨으니 **자기를 위하여 재물을 쌓아 두고 하나님께 대하여 부요하지 못한 자가 이와 같으니라.**"

이 비유에 나오는 어리석은 부자는 하나님께 복을 받았으나 누리지 못하는 사람의 전형적인 예입니다. 또, 이 비유는 왜 복을 받고도 누리지 못하는지 그 이유 중 하나를 가르쳐 줍니다. 그것은 바로 "하나님께 대하여 부요하지 못하기"(21절) 때문입니다. 즉, 인색하기 때문입니다. 그러므로 여러분이 어리석은 부자의 전철을 밟지 않으려면 반드시 "하나님께 대하여 부요한 자"가 되어야 합니다.

그런데, 우연일까요? 이틀 전, 교회 카페에 이런 글이 올라왔습니다.

"**록펠러**는 장래성이 없다는 이유로 첫 번째 여인에게 버림받았다. 그런 그가 세 가지 기적을 일으켰다.
첫 번째 기적은 가장 부자가 된 것이고, 두 번째는 가장 많은 돈을 기부한 것이며, 세 번째는 건강하게 장수한 것이다."[7]

어리석은 부자와는 완전히 반대지요. 그리고 결과도 반대입니다. 그래서 관심이 생겨서 록펠러를 검색해보았습니다. 그 결과 저는 다음과 같은 사실을 알게 되었습니다.

록펠러는 33세에 백만장자가 되었고, 43세에 미국 최고의 부자가 되었고, 53세에는 세계 최고의 갑부가 되었습니다. 그러나 52세 때 그는 중한 병으로 인해 마른 나무처럼 말라갔습니다. 또, 55세 때 1년 이상 살지 못한다는 의사의 선고를 받았습니다. 이렇게 죽음이 코앞으로 다가오자 평생을 악착같이 모았던 재산이 아무 의미가 없었습니다. 그때 병원 로비에 걸려 있는 액자에 글이 눈에 들어왔습니다. 그것은 "주는 자가 받는 자보다 복이 있다"는 성경구절이었습니다.

---

[7] https://cafe.daum.net/Bigchurch/LZk9/66113

이것을 보는 록펠러의 눈에서 눈물이 뚝뚝 떨어졌습니다. 그동안 돈을 모으려고만 하고 한 번도 남을 돕지 않은 것이 깨달아졌기 때문입니다.

그때, 병원에서 시끄러운 소리가 들렸습니다. 허름한 옷을 입은 여자와 병원 관계자의 대화였는데, 병원비를 내지 못하니 퇴원하라는 병원 측의 통보에 퇴원하면 딸이 죽는다고 여자가 애원하고 있었습니다. 그것을 본 록펠러는 비서를 시켜 아무도 모르게 병원비를 내주었습니다. 얼마 후, 그녀의 딸은 건강한 모습으로 퇴원하게 되었고, 그 소식을 들은 록펠러는 놀랍도록 큰 평안과 보람을 느꼈습니다. 그래서 그는 '앞으로 하나님과 가난한 사람들을 도우면서 살겠다'고 결심했습니다. 그 후 그는 "돈은 아무것도 아니다. 하나님만이 모든 것이 되신다"라고 고백하면서 무려 4,928개의 교회를 지었습니다. 또, 24개의 대학과 수많은 복지센터를 세우는 등 자선 사업을 통해 많은 사람들을 도왔습니다.[8] 그런데 그가 이렇게 엄청난 헌금과 기부를 했지만, 놀랍게도 재산이 줄지 않고 계속 늘었습니다. 뿐만 아니라, 1년을 넘기지 못한다는 의사의 진단과 달리 하나님께서 그의 생명을 98세까지 연장시켜주셨습니다.

---

[8] http://www.joosarang.kr/information_bd/968

드디어, 그의 나이 98세가 되었을 때, 그는 죽음이 가까이 온 것을 느끼고 55세 때 회개하며 무릎 꿇었던 모습 그대로 엎드려서 이렇게 기도했습니다.

"오! 나의 하나님, 제 인생의 전반기 55년은 쫓기며 불행하게 살았지만 지난 43년은 정말 행복했습니다. **그동안 저를 지켜주신 것 감사드립니다. 이제는 그만 주님과 제 마음에 간직한 제 사랑하는 아내를 만나고 싶습니다. 이제는 여한이 없습니다.** 주님, 감사합니다."

다음 날 새벽, 그는 조용히 눈을 감고 하나님께로 갔습니다. 정말 감동적이지요! 그런데 예수님은 이렇게 말씀하셨습니다.

마태복음 6:19-20 "너희를 위하여 보물을 땅에 쌓아 두지 말라. 거기는 좀과 동록이 해하며 도둑이 구멍을 뚫고 도둑질하느니라. **오직 너희를 위하여 보물을 하늘에 쌓아 두라.** 거기는 좀이나 동록이 해하지 못하며 도둑이 구멍을 뚫지도 못하고 도둑질도 못하느니라."

그래서 저는 록펠러가 땅에서만 최고의 부자가 아니라 하늘에서도 최고의 부자 중 한 명일 것이라고 믿습니다.

그리고, 저는 록펠러가 주는 이 교훈이 특별히 우리 교회 성도님들에게 중요하다고 생각합니다. 매주 주일헌금 기도 시간에 저는 항상 자세히 그리고 강력하게 성도님들께 복이 임하게 해달라고 축복하며 기도합니다. 그 이유가 무엇인지 아십니까? 그것은 조용기 목사님처럼 사중복음에 축복을 더한 오중복음을 믿어서가 아닙니다. 또 삼박자 축복을 강조하기 때문도 아닙니다. 제가 매주 그리고 개인적으로 기도할 때 모든 성도님들을 위해 간절히 축복하며 기도하는 이유는 아프리카 선교 때문입니다. 바꾸어 말해서, 우리 교회와 여러분이 열방을 위한 복의 근원으로 부름을 받았기 때문입니다.

오늘도 진성원 목사님과 허대니, 배인호 목사님이 아프리카에서 치유전도대성회를 하고 있습니다. 어떤 일이 일어나고 있는지 여러분도 궁금하시지요! 그래서 치유전도대성회 첫날인 금요일 집회 후 아프리카에서 저에게 보내온 보고서를 여러분에게 읽어드리겠습니다.

"우간다 마신디 치유전도대성회 첫째 날 보고 드립니다.

첫째 날 참석인원은 25,000여 명이었습니다. 첫째 날은 담임목사님의 『노후준비보다 중요한 사후준비!』 1대지와 3대지를 전했습니다. 말씀을 전한 후 결신 초청했을 때 2,600여

명이 결신했습니다. 결신 후 치유시간을 가졌는데, 다음은 주요 치유간증입니다.

- 한 여성분은 지난 5년 동안 복부에 있는 종양 때문에 극심한 통증을 느꼈고, 분비물로 나오는 고름 때문에 고통을 받았습니다. 그런데 치유선포 후 복부의 종양이 즉시 사라지고 모든 통증과 분비물도 즉시 그쳤다며 치유해주신 주님을 찬양했습니다.

- 한 여성분은 지난 2년 동안 복부에 탁구공만 한 종양이 있었고, 종양으로 인해 고통을 받았습니다. 작년 12월 26일에 날짜를 잡고 수술을 받아야 했지만, 결국 받지 못하고 고통 가운데 집회에 참석했습니다. 그런데 치유선포 후 복부의 종양이 즉시 사라지고 통증도 사라져 강단에 올라와 기쁨으로 주님을 찬양했습니다.

- 한 자매님은 10년 전인 초등학교 4학년 때 어떤 남자아이가 나뭇가지로 왼쪽 눈을 찔러 눈이 크게 손상되었습니다. 병원에서 수술을 받았지만, 그 후 시력이 급격히 저하됐고, 결국 완전히 실명되어 왼쪽 눈으로는 아무것도 볼 수 없었습니다. 그런데 치유선포 후 실명한 왼쪽 눈이 완전히 열려 선명하게 보게 되었습니다.

- 한 여성분은 출산한 지 얼마 되지 않은 아기를 안고 강단에 올라왔는데 4년 전부터 양쪽 귀의 청력을 완전히 잃어

전혀 들을 수 없었습니다. 그런데 치유선포 후 양쪽 귀가 완전히 열려 작은 목소리로 말한 것을 그대로 따라하며 간증했습니다.

- 한 형제님은 10년 전 오토바이 사고를 당한 후 발목이 부러져서 그 후로 극심한 통증에 시달렸고, 제대로 치유받지 못해 발목뼈가 잘못 붙어서 발을 움직일 수조차 없었습니다. 그런데 치유선포 후 잘못 붙은 뼈가 완전히 치유되어 강단에 올라와 양말을 벗고 곧게 펴진 발목을 자랑하고 기뻐 뛰며 주님을 찬양했습니다.

- 한 남자분은 작년에 오토바이 사고를 당한 후 다리가 부러져 그 후 목발 없이 걸을 수 없었습니다. 그런데 사고 후유증이 치유되라는 선포를 들은 후, 부러진 뼈가 온전히 붙는 것을 느꼈고 목발을 버리고 올라와 자유롭게 움직이며 주님을 찬양했습니다. 특히 이 광경을 곁에서 지켜본 동생이 깜짝 놀라며 강단에 함께 올라와 치유하신 주님을 찬양했습니다.

- 한 노인분은 1년 전의 낙상사고로 다리가 부러져 극심한 통증에 시달렸고, 제대로 걷지도 못하고, 혼자서는 몸조차 돌릴 수 없었습니다. 그런데 치유선포 후 다리가 즉시 치유되어 사용하던 지팡이를 머리 위로 들고 간증하러 강단 계단을 혼자 올라와 몸을 자유롭게 움직이며 주님을 찬양했습니다.

- 한 무슬림 신자인 남성분은 지난 4년 동안 악한 영에

사로잡혀 자주 팔에 마비증상이 왔고, 팔이 몸 안쪽으로 오그라들며 움직일 수 없는 상태가 되었습니다. 오토바이 택시 기사로 일하고 있는데, 이 증세가 갑자기 나타나면 급히 세우고 증세가 사라질 때까지 무작정 기다릴 수밖에 없었습니다. 그런데 손을 들어 축사를 선포할 때, 모든 악한 영의 억압이 즉시로 사라지면서 심령에 자유를 느꼈고, 동시에 모든 마비 증상에서 자유케 되었습니다. 너무나 감격해 강단에 올라와 회중들 앞에서 무릎을 꿇고 치유하신 창조주 하나님이 참된 신이시고, 이제는 예수님이 자신의 구주이자 주님이시라고 고백하였습니다. 또한, 자신의 무슬림 이름도 이제 버리고 새로운 이름을 갖겠다며 모든 회중 앞에서 고백하였습니다.

이외에도 25년 된 척추의 질병이 치유되고, 고관절의 문제로 2년 동안 걷지 못해 부축을 받고 온 분이 걷고, 탈장, 심장의 문제, 고혈압, 각종 부인병, 관절염 등이 즉시 치유되고, 악한 영에 묶인 자들이 자유케 되었습니다."

또, 오늘 아침에는 둘째 날인 어제 집회에 대한 이런 보고서를 보내왔습니다. 그것도 읽어드리겠습니다.

"우간다 마신디 치유전도대성회 둘째 날 보고드립니다.
둘째 날 참석인원은 첫째 날 보다 5,000여 명 더 많은

30,000여 명입니다. 둘째 날은 담임목사님의 『노후준비보다 중요한 사후준비!』 나머지 2대지를 전했습니다. 말씀을 전한 후 결신 초청했을 때 3,500여 명이 나와 결신했습니다. 결신 후 치유 시간을 가졌는데, 다음은 주요 간증입니다.

- 한 8살 소년은 태어날 때부터 양쪽 눈이 완전히 먼 상태로 태어났습니다. 그런데 오늘 어머니의 손에 이끌려 와서 집회 가운데 눈이 열리라는 선포를 들은 후, 두 눈이 활짝 열려 태어나서 처음으로 앞을 보는 기적을 경험했습니다.

- 마가렛이라는 9살 소녀는 태어날 때부터 소리를 전혀 들을 수 없는 상태로 태어났습니다. 또 귀에 문제가 있어 고름이 계속 나오기도 했습니다. 그런데 오늘 귀가 열린다는 선포 후, 아이의 양쪽 귀가 즉시 열려 듣게 되는 기적이 일어났습니다. 어머니와 함께 강단에 올라온 소녀는 감격의 눈물을 계속 흘리며 치유하신 선하신 하나님께 감사를 드렸습니다.

- 한 어린 소년은 1년 전부터 갑자기 혀가 굳어져 말을 전혀 하지 못했습니다. 그런데 오늘 혀가 풀린다는 선포를 들은 후, 아이의 혀가 즉시 풀려 강단에 올라와 큰 소리로 '예수님!'이라고 외치며 모두에게 치유하신 주님을 찬양했습니다.

- 한 여성분은 지난 1년 동안 달걀 크기의 종양이 복부에 있어 극심한 통증 때문에 몸조차 제대로 움직일 수 없었고 허리를 구부릴 수도 없었습니다. 그런데 오늘 치유선포 후 종

양이 즉시 사라졌고, 통증도 모두 사라져 몸을 자유롭게 움직일 수 있게 되었습니다.

- 한 여성분은 3개월 전에 복부에 달걀 크기의 종양이 생겼고, 통증이 계속되어 병원에 가서 검사를 받았습니다. 그런데 오늘 치유선포 후 즉시 종양이 사라지고 모든 통증도 깨끗이 사라졌습니다.

- 한 형제님은 5개월 전에 양쪽 눈의 시력을 완전히 잃어 그 후로 전혀 볼 수가 없었습니다. 그런데 오늘 치유선포 후 두 눈이 완전히 열려 온전히 볼 수 있게 되었습니다.

- 한 노인분은 30년 전에 차 사고를 당한 후 왼쪽 몸에 마비가 왔고 그 후로 30년 동안 제대로 걸을 수도 없었고 팔도 움직이지 못했습니다. 또 허리도 거의 90도로 굽어져 곧게 설 수 없어 주변 사람들에게 많은 놀림을 받았다고 합니다. 그런데 오늘 치유선포 후 30년 된 마비가 완전히 풀려 팔과 다리를 편안하게 움직이게 되었고, 굽었던 허리도 즉시 펴져 치유하신 주님을 찬양했습니다.

- 한 여성분은 작년 10월부터 반신마비가 와서 왼쪽 팔다리를 움직일 수가 없었습니다. 그런데 치유선포 후 마비가 완전히 풀려 팔과 다리를 자유롭게 움직일 수 있게 되었습니다.

- 임신 5개월이 넘은 한 임산부는 1달 전부터 극심한 통증과 함께 전에 느꼈던 태동이 한 달 동안 전혀 없었습니다.

이로 인해 극심한 통증과 걱정에 시달리고 있었는데, 오늘 치유선포 후 모든 통증이 즉시 사라지고 아이의 움직임을 한 달 만에 다시 느끼게 되었다며 기쁨으로 간증했습니다.

- 한 형제님은 5개월 전에 오토바이 사고를 당한 후 손목이 부러졌습니다. 그 후로 극심한 통증 때문에 손목을 전혀 움직일 수 없었는데, 오늘 치유선포 후 모든 통증이 사라지고 부러진 뼈가 제대로 붙어 아무 이상 없이 손목을 자유롭게 움직일 수 있게 되었습니다.

- 한 남성분은 간질로 인해 지난 4년 동안 매일 3-4번씩 바닥에 쓰러졌고, 그로 인해 고통 가운데 살았습니다. 그런데 어제 치유성회에 참석해서 간질에 대한 선포를 들은 후 이 증상에서 자유케 되어, 그 후로는 지금까지 한 번도 쓰러지지 않았다며 기쁨으로 나와 간증하였습니다.

- 한 어머니가 어린 아들 둘을 데리고 강단에 올라왔습니다. 이 아이들은 지난 6개월 동안 시시때때로 의식을 잃고 쓰러졌고, 병원에 가보았지만 아무런 원인을 찾지 못했다고 합니다. 오늘도 쓰러져 의식이 없는 상태의 아이들을 어머니가 집회에 데리고 왔습니다. 그런데 악한 영이 떠나가라는 선포가 있었을 때 의식이 없었던 두 아이가 즉시 일어났고, 온전한 정신으로 회복된 아이들을 보며 자유케 하신 주님을 찬양했습니다.

이 외에도 각종 암으로 인한 통증과 증상이 즉시 사라졌고, 탈장과 교통사고 후유증, 각종 부인병과 고질병에서 많은 분들이 치유되어 1시간이 넘게 간증을 이어갔고 시간 관계상 마쳐야 했습니다."

여러분, 오늘이 셋째 날이고 마지막 날인데 더 큰 역사가 일어나고 더 많은 사람이 구원받게 될 줄로 믿습니다. 여러분 모두 위해서 기도해주시기 바랍니다.[9]

그런데 이런 일들이 그냥 일어납니까? 아닙니다. 지난 성탄절 설교 때 진성원 목사님이 말한 것처럼, 우리 교회는 아프리카 선교를 위해 최근 3년에만 100억 원 이상을 썼습니다. 또, 앞으로 씀씀이가 계속해서 커질 것입니다. 때문에 하나님은 우리 교회의 성도님들에게 복을 부어주시기로 작정하셨고 큰 복을 부어주시길 원하십니다. 대한민국에서 반드시 복을 받아야 할 사람들이 있다면 바로 여러분입니다. 여러분은 반드시 복을 받아야 합니다. 그리고 하나님께서 반드시 여러분에게 큰 복을 부어주실 것입니다. 그러므로 인색한 마음을 버리고 하나님께 즐거이 드리는 하나님이 신뢰할 수

---

[9] 참고로, 이 설교를 하던 날 열린 셋째 날 치유전도대성회에는 둘째 날보다 5,000명 많은 3만 5천명이 참석했고, 날 때부터 소경이었던 사람이 눈을 뜨고 종양들이 사라지는 등 수많은 기적들이 일어났고 10,000명이 넘는 사람이 결신했습니다.

있는 청지기가 되십시오. 그래서 하나님이 여러분과 가족과 교회와 이 나라와 열방을 위해서 부어주기 원하시는 엄청난 복을 받는 여러분 되시기 바랍니다.

3

하나님께서
우리 교회와 성도님들에게
은혜를 부어주실 것입니다.

빵 속에는 앙꼬가 있습니다. 그런데 이미 말씀드린 두 가지는 앙꼬를 감싸고 있는 빵과 같은 것입니다. 반면에 지금부터 설명해드릴 두 가지는 그 속의 앙꼬와 같은 복입니다. 왜냐하면 이미 설명해드린 두 가지는 육적인 복이고 지금부터 설명해드릴 두 가지는 영적인 복이기 때문입니다. 당연히 후자가 훨씬 귀합니다. 그러므로 집중해서 잘 들어주시기 바랍니다.

민수기 6:25 **"여호와는 그의 얼굴을 네게 비추사 은혜 베푸시기를 원하며"**

이 구절에 나타나 있는 복은 "은혜"입니다. 연이어, 26절에는 "평강"이라는 복이 나옵니다. 그런데 어디서 많이 본 조합이지요!

로마서 1:7 "로마에서 하나님의 사랑하심을 받고 성도로 부르심을 받은 모든 자에게 하나님 우리 아버지와 주 예수 그리스도로부터 **은혜와 평강이 있기를 원하노라.**"

이 외에도 고린도전서(1:3), 고린도후서(1:2), 갈라디아서(1:3), 에베소서(1:2), 빌립보서(1:2), 골로새서(1:2), 데살로니가전서(1:1), 데살로니가후서(1:2), 디도서(1:4), 빌레몬서(1:3)에서도 바울이 똑같은 기원을 했습니다. 베드로도 마찬가지입니다.

베드로전서 1:2 "곧 하나님 아버지의 미리 아심을 따라 성령이 거룩하게 하심으로 순종함과 예수 그리스도의 피 뿌림을 얻기 위하여 택하심을 받은 자들에게 편지하노니 **은혜와 평강이 너희에게 더욱 많을지어다.**"

베드로후서 1:2 "하나님과 우리 주 예수를 앎으로 **은혜와 평강이 너희에게 더욱 많을지어다.**"

또, 요한도 그렇게 했습니다.

요한계시록 1:4-5 "요한은 아시아에 있는 일곱 교회에 편지하노니 이제도 계시고 전에도 계셨고 장차 오실 이시며 그의 보좌 앞에 있는 일곱 영과 또 충성된 증인으로 죽은 자들 가운데에서 먼저 나시고 땅의 임금들의 머리가 되신 예수 그리스도로 말미암아 **은혜와 평강이 너희에게 있기를 원하노라**."

그러면 왜 사도들이 이구동성으로 이렇게 기원했을까요? 그것은 이 둘이 가장 중요하기 때문입니다. 즉, 이 두 가지가 사도들이 사역하고 편지를 보내는 목적이었기 때문입니다. 그러니 은혜와 평강이 얼마나 중요한 것인지 아시겠지요!

저는 지금부터 이런 은혜와 평강을 설명하고자 합니다. 그런데 이 두 가지를 구약의 의미뿐 아니라 신약의 의미를 덧붙여서 설명할 것입니다. 그러면서 24절처럼 단순히 주해가 아니라 예언적으로 말씀을 선포하고자 합니다.

본문 24-26절에 나오는 4가지는 모두 복입니다. 27절에 그것이 분명히 나타나 있습니다.

"그들은 이같이 내 이름으로 이스라엘 자손에게 축복할지니 내가 그들에게 **복**을 주리라."

그러나 복을 받는 순서대로 기록한 것이 아닙니다. 작은 복에서 큰 복 순으로 기록했습니다. 그 증거로, 첫 번째 복인

"복"은 세상 사람들도 원하는 것입니다. 또, 세상 사람도 받을 수 있는 복입니다. 모든 사람이 복을 좋아하고 복을 받기 원합니다. 그러나 이 복은 가장 큰 복이 아니라 가장 작은 복입니다. 왜냐하면 아무리 큰 복을 받아도 하나님이 지켜주시지 않아서 건강을 잃거나 목숨을 잃으면 누릴 수가 없기 때문입니다. 아무 소용도 없습니다. 그러므로 두 번째가 첫 번째 복보다 더 큰 복입니다.

또, 세 번째 복은 우리에게 비춰주시는 하나님의 얼굴과 관계있는 복으로 첫째와 둘째 복과 달리 영적인 복입니다. 한마디로 말해서 구원입니다.

> 에베소서 2:8 "너희는 그 **은혜**에 의하여 믿음으로 말미암아 **구원**을 받았으니 이것은 너희에게서 난 것이 아니요 **하나님의 선물**이라."

사람이 아무리 돈이 많고 장수해도 자기 영혼을 잃어버리면 소용이 없습니다. 천하를 얻는 것보다 자기 영혼을 잃어버리지 않는 것이 더 중요합니다. 그러므로 세 번째가 두 번째 복보다 더 큰 복입니다.

또한, 네 번째가 세 번째 복보다 더 큰 복입니다. 그런데 앞의 복들과 달리 왜 네 번째가 세 번째보다 더 큰 복인지 이해

하기가 쉽지 않습니다. 저도 그랬습니다. 그런데 그 이유를 이상근 박사님의 설명이 잘 보여줍니다.

"'그 얼굴을 네게로 향하여 드사'는 전절의 '그 얼굴로 네게 비추사'보다 적극적인 표현으로 '특별한 관심'을 표시하는 것이다. 이런 하나님의 특별하신 관심은 물론 최대의 축복이다."[10]

그러므로 네 번째가 가장 큰 복입니다. 이 복은 하나님의 호의와 특별한 은총을 포함하고 있는 가장 특별한 복입니다. 그러니 지금부터 설명해드릴 두 가지 복이 얼마나 귀한 것인지 아시겠지요! 그런데 감사하게도 하나님은 이 두 가지 복을 저와 여러분에게 넘치게 부어주시길 원하십니다. 그것을 믿으시기 바랍니다.

그럼, 25절에 나오는 세 번째 복 "은혜"에 대해 설명해드리겠습니다.

민수기 6:25 **"여호와는 그의 얼굴을 네게 비추사 은혜 베푸시기를 원하며"**

---

10 이상근 『레위기, 민수기 상』 서울: 기독교문사, 2008. p. 307.

이 복은 하나님께서 그 얼굴을 우리에게 비추시는 것과 관계가 있습니다. 데니스 T. 올슨은 그것을 이렇게 설명했습니다.

"25절에 있는 축복의 … 행은 빛이라는 은유를 사용하여 하나님의 얼굴이 … 자애롭게 빛나는 것을 지칭한다. 빛은 밝음, 계시, 햇빛의 따뜻함, **차가운 어두움으로부터의 구원**, 생명의 갱생, 그리고 밝은 기쁨의 뜻을 포함한다. 이스라엘 위에 이처럼 밝게 빛나는 하나님의 얼굴은 … 고난 시절의 **구원**을 기리는 풍부한 찬양시의 주제이다."[11]

또한, 왕대일 교수님은 이 부분을 이렇게 설명했습니다.

"하나님께서 다정다감하게 관심을 표명하시는 모습을 표시한다(예. 시 31:17). '**하나님의 얼굴을 네게 비추다**'라는 말은 '하나님이 그 얼굴을 숨기다'라는 표현, 즉 하나님의 진노(예. 신 31:18)를 나타내는 말에 대한 반대어이다. '왕의 희색'이 '그의 은택'(잠 16:15)과 동의어지만, 반대는 '그의 진노'(14절)이다."[12]

참고로, 잠언 16장 14-15절에는 이렇게 기록되어 있습니다.

---

11 데니스 T. 올슨 『현대성서주석, 민수기』 차종순 옮김. 서울: 한국장로교출판사, 2007. p. 79.
12 왕대일 『민수기』 서울: 대한기독교서회, 2007. p. 204.

"**왕의 진노는 죽음의 사자들과 같아도** 지혜로운 사람은 그것을 쉬게 하리라. **왕의 희색은 생명을 뜻하나니**"

이제, 왜 하나님이 그 얼굴을 우리에게 비추사 은혜 베푸시는 것이 구원을 뜻하는지 아시겠지요! 뿐만이 아닙니다.

데살로니가전서 1:10 "또 죽은 자들 가운데서 다시 살리신 그의 아들이 하늘로부터 강림하실 것을 너희가 어떻게 기다리는지를 말하니 이는 **장래의 노하심에서 우리를 건지시는 예수시니라.**"

이 구절에서 '노하심'은 '구원'과 대조를 이룹니다. 그러므로 노하심에서 구원받는 것이 칭의입니다. 때문에 김세윤 교수님은 이 구절을 강해하면서 이렇게 썼습니다.

"**하나님의 아들이 우리를 하나님의 진노에서 구원한다는 말은 칭의의 언어입니다. 최후의 심판 때 하나님의 진노에서 구원함을 받는다는 것은 부정적으로 말하면 무죄 선언을 받는다는 것이고, 긍정적으로 말하면 의인 선언을 받는다는 것이기 때문입니다. 이 둘은 의미가 같은 말입니다. 이것이 칭의입니다.**" [13]

---

13 김세윤 『데살로니가전서 강해』 서울: 두란노서원, 2014. p. 131.

그러므로 참으로 세 번째 복의 진수는 우리 영혼을 구원하는 칭의입니다.

그런데, 이것이 얼마나 어마어마한 복인지 아십니까? 여러분의 이해를 돕기 위해 질문을 하나 하겠습니다. "사람에게 가장 필요한 것이 무엇일까요?" 그것은 돈이 아닙니다. 명예나 권세도, 나아가서 건강이나 장수까지도 아닙니다. 바로 은혜입니다! 왜냐하면 우리는 모두 죄인이고 지옥 불에 던져질 수밖에 없는 가련한 존재이기 때문입니다.

그런데 지옥 불 속에서 영원히 고통당할 수밖에 없는 우리를 불쌍히 여기사 사랑의 하나님이 독생자를 속죄 제물로 이 땅에 보내셨고, 그 공로를 믿으면 모든 죄를 용서받고 의롭다 함을 받을 수 있게 해주셨습니다.

로마서 3:19-24 "우리가 알거니와 무릇 율법이 말하는 바는 율법 아래에 있는 자들에게 말하는 것이니 이는 모든 입을 막고 온 세상으로 하나님의 심판 아래에 있게 하려 함이라. 그러므로 율법의 행위로 그의 앞에 의롭다 하심을 얻을 육체가 없나니 율법으로는 죄를 깨달음이니라. 이제는 **율법 외에 하나님의 한 의**가 나타났으니 율법과 선지자들에게 증거를 받은 것이라. **곧 예수 그리스도를 믿음으로 말미암아 모든 믿는 자에게 미치는 하나님의 의**니 차별이 없느니라. 모든 사람이 죄를 범하였으매 하나님의 영광에 이르지 못하더니 **그리스도 예수 안에 있는 속량으로 말미암아 하나님의 은혜로 값없이 의롭다 하심을 얻은 자 되었느니라.**"

에베소서 1:2-7 "하나님 우리 아버지와 주 예수 그리스도로부터 **은혜와 평강**이 너희에게 있을지어다. 찬송하리로다! 하나님 곧 우리 주 예수 그리스도의 아버지께서 그리스도 안에서 하늘에 속한 모든 신령한 복을 우리에게 주시되 … 예수 그리스도로 말미암아 자기의 아들들이 되게 하셨으니 이는 그가 사랑하시는 자 안에서 **우리에게 거저 주시는 바 그의 은혜의 영광**을 찬송하게 하려는 것이라. **우리는 그리스도 안에서 그의 은혜의 풍성함을 따라 그의 피로 말미암아 속량 곧 죄 사함을 받았느니라.**"

여러분, 이것이 바로 은혜입니다! 다시 말하지만, 사람들에게 가장 필요한 것이 바로 이것입니다. 왜냐하면 이런 사람만 하나님의 법정에서 정죄가 아니라 의롭다 함을 받을 수 있고, 그 결과 지옥 불에 던져지지 않고 천국에 들어갈 수 있기 때문입니다. 하나님은 이 복을 우리 모두에게 주길 원하십니다. 그래서 십자가에서 예수님이 큰소리로 "엘리 엘리 라마 사박다니" 즉 "나의 하나님, 나의 하나님, 어찌하여 나를 버리셨나이까?"라고 부르짖을 때 철저히 외면하셨습니다(마 27:46). 그것은 본문 25절에 "여호와는 그의 얼굴을 네게 비추사 은혜 베푸시기를 원하며"라고 기록되어 있는 대로 우리에게 그 얼굴을 돌리거나 감추지 않고 그 얼굴빛을 비추사 은혜를 베푸시고 우리를 의롭다 하시기 위해서 그렇게 하신 것입니다. 그러므로 이것을 기억하고 여러분 모두 기꺼이 회개하고 예수님을 믿음으로 이 은혜를 받으시기를 바랍니다.

한편, 이것이 은혜의 전부가 아닙니다. 칭의는 놀라운 것이지만 그럼에도 불구하고 은혜의 반쪽에 불과합니다. 은혜의 나머지 반쪽이 있는데, 바로 성령님입니다.

은혜는 하나님이 거저 주시는 것입니다. 내가 아니라 예수님이 십자가를 통해 값을 지불하신 것을 공짜로 우리에게 주시는 것입니다. 그것이 은혜입니다. 그런데 그런 은혜가 한 가지가 아니라 두 가지입니다.

갈라디아서 3:13-14 "그리스도께서 우리를 위하여 저주를 받은 바 되사 율법의 저주에서 우리를 속량하셨으니 기록된 바 **나무(십자가)**에 달린 자마다 저주 아래에 있는 자라 하였음이라. 이는 그리스도 예수 안에서 **아브라함의 복(칭의)**이 이방인에게 미치게 하고 또 우리로 하여금 믿음으로 말미암아 **성령의 약속(하나님이 약속하신 성령)**을 받게 하려 함이라."

그럼 은혜의 반쪽인 성령님이 우리에게 오시면 어떤 일이 일어날까요? 의롭다 함을 받을 뿐 아니라 성령으로 거듭나게 됩니다. 그래서 새 생명을 얻고 새 사람이 됩니다. 즉, 바울이 로마서 8장 1-2절에서 말한 그 일이 일어납니다.

"그러므로 이제 그리스도 예수 안에 있는 자에게는 결코 정죄함이 없나니 **이는 그리스도 예수 안에 있는 생명의 성령의 법이 죄와 사망의 법에서 너를 해방하였음이라.**"

그러면 이 구절에 나오는 "죄와 사망의 법"이 무엇입니까? 그것은 그 전 장의 다음 구절을 읽으면 알 수 있습니다.

로마서 7:18-24 "내 속 곧 내 육신에 선한 것이 거하지 아니하는 줄을 아노니 원함은 내게 있으나 선을 행하는 것은 없노라. 내가 원하는 바 선은 행하지 아니하고 도리어 원하지 아니하는 바 악을 행하는도다. 만일 내가 원하지 아니하는 그것을 하면 이를 행하는 자는 내가 아니요 내 속에 거하는 죄니라. 그러므로 내가 한 법을 깨달았노니 곧 선을 행하기 원하는 나에게 악이 함께 있는 것이로다. 내 속사람으로는 하나님의 법을 즐거워하되 내 지체 속에서 한 다른 법이 내 마음의 법과 싸워 내 지체 속에 있는 **죄의 법**으로 나를 사로잡는 것을 보는도다.

오호라 나는 곤고한 사람이로다. 이 **사망**의 몸에서 누가 나를 건져내랴!"

죄와 사망의 법은 여기에 나오는 "죄의 법"입니다. 그런데 그것을 왜 "죄와 사망의 법"이라 부를까요? 그 이유는 죄의 법에 사로잡혀서 살면 반드시 사망 즉 멸망하게 되기 때문입니다. 그 둘이 불가분의 관계이기 때문입니다. 그러므로 우리는 반드시 죄와 사망의 법에서 자유케 되어야만 합니다.

그런데 우리의 힘과 노력만으로는 그것이 불가능합니다. 성령님이 도와주시고 역사해주셔야 합니다. 오직 성령님을 통해서만 죄와 사망의 법에서 자유케 될 수 있습니다. 그 결과 율법의 요구를 이루며 살아갈 수 있습니다(롬 8:4). 그런데 하나님은 이번 특별기도회를 통해서 성령님을 우리 모두에게 부어주시길 원하십니다. 또, 실제로 부어주시고 계십니다. 그러므로 사모하는 마음으로 간절히 구하십시오. 그래서 모두 성령 충만을 받고 죄에서 자유케 되시기 바랍니다.

그런데, 아직 은혜의 복을 다 설명하지 못했습니다. 세상에도 은혜가 여러 가지입니다. 우리 교회만 해도 이동기 목사님 사모님은 곽은혜, 김국희 목사님의 사모님은 김은혜입니다. 그 외에도 김은혜가 10명, 이은혜가 6명, 강은혜가 4명, 주은혜가 3명, 박은혜 유은혜 전은혜 조은혜 각각 2명, 도은혜 방

은혜 서은혜 오은혜 윤은혜 임은혜 정은혜 진은혜 최은혜 한은혜 홍은혜가 1명씩입니다. 이뿐만이 아닙니다. 청년 중에 성은 은이고 이름은 혜 "은혜"가 있습니다. 더구나, 동생은 "은총"이라고 합니다. 마찬가지로 하나님께서 우리에게 부어 주시는 은혜도 여러 가지입니다.

앞에서 저는 칭의가 은혜의 반쪽이고 성령이 다른 반쪽이라고 했습니다. 그런데 성령을 통한 거듭남과 성화도 성령을 통해 우리에게 부어주기 원하시는 은혜의 반쪽에 불과합니다. 다른 반쪽이 있는데, 바로 성령세례와 성령의 은사들입니다.

> 로마서 12:6-8 "**우리에게 주신 은혜대로 받은 은사가 각각 다르니** 혹 **예언**이면 믿음의 분수대로, 혹 **섬기는** 일이면 섬기는 일로, 혹 **가르치는 자**면 가르치는 일로, 혹 **위로하는 자**면 위로하는 일로, **구제하는 자**는 성실함으로, **다스리는 자**는 부지런함으로, **긍휼을 베푸는 자**는 즐거움으로 할 것이니라."

이뿐 아니라, 고린도전서 12장에 나오는 아홉 가지 은사도 모두 은혜입니다. 그러므로 아무리 은사를 많이 받았어도 자랑할 것이 없습니다. 모든 영광을 오직 하나님께 올려드려야 합니다.

그런데, 하나님은 우리 교회에 성령의 은사들을 풍성하게 부어주시려고 작정하셨습니다. 하나님은 우리 교회를 다음 구절과 같은 교회로 만들기 원하십니다.

고린도전서 1:7 **"너희가 모든 은사에 부족함이 없이 우리 주 예수 그리스도의 나타나심을 기다림이라."**

어떤 분들은 "우리 교회에는 이미 가르치는 은사와 예언의 은사 그리고 병 고치는 은사가 강력한데요?"라고 말할지 모릅니다. 그렇더라도 하나님은 지금보다 갑절과 7배 아니 수십 배와 수백 배로 부어주시길 원하십니다. 왜냐하면 끝나지 않는 강력한 대부흥을 이루기 위해 지금보다 훨씬 더한 성령의 은사와 권능이 반드시 필요하기 때문입니다.

그런 의미에서, 제가 여러분에게 권하고 싶은 책이 있습니다. 스탠리 프롯쉠이 쓴 스미스 위글스워스의 전기로 『**스미스 위글스워스처럼**』이라는 책입니다. 최근에 제가 이 책을 읽을 때, 저와 스미스 위글스워스가 얼마나 큰 차이가 나는지 저절로 탄식이 되고 회개가 되었습니다. 그분의 놀라운 간증들을 읽으면서 '아~ 도대체 나는 무엇을 하고 산 것이지?'라는 생각이 깊이 들었습니다.

그러나 감사하게도 그 책을 끝까지 읽어보니, 스미스 위글스워스와 저의 공통점이 5가지나 있었습니다. 그래서 너무 감사해서 제가 그 부분들은 따로 뽑아보았습니다.

첫째: "그는(스미스 위글스워스) 삼림지대를 돌아다니길 좋아했다."[14]

둘째: "그는 제비꽃과 원초꽃, 블루벨과 고향의 낮은 지대에 자라는 야생화 헤더를 즐겼다."[15]

셋째: "그는 나이가 지긋했을 때도 스노든산 정상까지 걸어갔다가 다시 내려오는 것이 기쁨이었다."[16]

넷째: "캘리포니아에 있을 때 요세미티 계곡을 방문하는 일은 언제나 그의 기쁨이었다."[17]

다섯째: "사람과 장소, 그림에 대한 그의 즐거움은 끝이 없었다. 여러 다른 나라에서 전도여행 할 때 그는 항상 주요명소를 볼 기회를 이용했다."[18]

슬프게도 이것이 다였습니다. 그 외에는 공통점이 전혀 없었습니다!

---

14 스탠리 H. 프롯쉠 『스미스 위글스워스처럼』 오태용 옮김. 서울: 베다니, 2023. p. 232.
15 스탠리 H. 프롯쉠 『스미스 위글스워스처럼』 오태용 옮김. 서울: 베다니, 2023. p. 233.
16 스탠리 H. 프롯쉠 『스미스 위글스워스처럼』 오태용 옮김. 서울: 베다니, 2023. pp. 234-235.
17 스탠리 H. 프롯쉠 『스미스 위글스워스처럼』 오태용 옮김. 서울: 베다니, 2023. p. 237.
18 스탠리 H. 프롯쉠 『스미스 위글스워스처럼』 오태용 옮김. 서울: 베다니, 2023. p. 238.

아무튼, 저는 그 책을 읽고 큰 도전과 감동을 받았습니다. 특히 그 책의 다음 내용이 감동적이었습니다. 그 책에 따르면, 스미스 위글스워스는 김옥경 목사님처럼 하나님을 뜨겁게 사랑했습니다. 또, 남자지만 김옥경 목사님처럼 눈물이 줄줄 흐르는 눈물의 사람이었습니다. 또, 그는 전임사역을 하기 전 일해서 번 돈을 100% 노숙 청소년들을 돌보는 데 사용했습니다. 또, 전도가 생활화되어 있었고 날마다 여러 명씩 구원했습니다. 또, 엘리사가 나아만에게 요단강에 가서 일곱 번 씻으라고 말한 것처럼 그가 말하는 대로 하면 어떤 중한 병자든 실제로 치유되었습니다. 또, 그가 기도하면 하나님의 영광이 임해 사람들이 서 있을 수 없었고, 그 자신도 쓰러졌으며, 물건들이 지진이 일어난 것처럼 심하게 흔들렸습니다. 또, 자주 아무 말도 안 해도 그가 가는 곳마다 불신자들이 하나님의 임재를 느끼고 통곡하며 울고 회심하는 일들이 일어났습니다. 또, 마치 예수님과 베드로처럼 그에게 손을 대거나 그의 그림자만 밟아도 병자가 치유되었습니다. 또, 그는 놀랍게도 이렇게 기도했습니다.

"오 주님, 우리가 한 순간도 주의 말씀에서 떠난 적이 없다는 것을 주님께서 아십니다. … **주여, 우리가 주의 말씀을 한**

번도 의심한 적이 없다는 것을 주님은 알고 계십니다." [19]

심지어, 그는 인생 말년에 자주 이렇게 고백했습니다.

"나는 후회가 없습니다. 나는 돌이키고 싶은 일이 하나도 없습니다." [20]

아울러, 생일이나 크리스마스가 되어 받고 싶은 선물이 있는지 물어보면 이렇게 대답하곤 했다고 합니다.

"이 세상에 내가 원하는 것은 단 하나도 없습니다. 나는 필요한 모든 것을 가지고 있습니다." [21]

쓰리랑 부부 명대사처럼 정말 옴메 기죽어지요! 사랑하는 성도 여러분, 저는 우리 교회에 부어주신 성령의 은사들로 인해 진심으로 하나님께 깊이 감사드립니다. 그럼에도 불구하고 우리는 스미스 위글스워스를 본받고 이 책 제목처럼 "스미스 위글스워스처럼" 되어야 할 필요가 있습니다. 우리에

---

[19] 스탠리 H. 프롯쉠 『스미스 위글스워스처럼』 오태용 옮김. 서울: 베다니, 2023. p. 243.
[20] 스탠리 H. 프롯쉠 『스미스 위글스워스처럼』 오태용 옮김. 서울: 베다니, 2023. p. 239.
[21] 스탠리 H. 프롯쉠 『스미스 위글스워스처럼』 오태용 옮김. 서울: 베다니, 2023. p. 239.

게 더 많은 기름부음과 은사와 권능이 필요합니다. 왜냐하면 하나님께서 끝나지 않을 대부흥을 위해 우리 교회를 택하셨기 때문입니다. 그래서 저는 베다니출판사에 연락해서 출판사에 있는 500권을 전부 교회 서점에 갖다 놓았습니다. 여러분 모두 꼭 사서 읽어보시기 바랍니다. 특히, 두증인전도단 단원들과 사사모 사역자들은 반드시 사서 읽어보시기 바랍니다. 그래서 현 상태에 만족하지 말고 입을 더 크게 벌리고 하나님께 기도하십시오. 그리하여 더 큰 은사를 받고 대부흥을 위해 하나님께 쓰임받고 하나님의 마음을 시원케 해드리는 여러분 되시기 바랍니다.

4

하나님께서
우리 교회와 성도님들에게
평강을 부어주실 것입니다.

하나님이 우리에게 부어주실 마지막 복은 "평강"입니다.

민수기 6:26 "**여호와는 그 얼굴을 네게로 향하여 드사 평강 주시기를 원하노라** 할지니라 하라."

평강도 복입니다.

시편 29:11 "여호와께서 자기 백성에게 힘을 주심이여 **여호와께서 자기 백성에게 평강의 복을 주시리로다.**"

솔로몬은 이렇게 말했습니다.

전도서 4:6 "두 손에 가득하고 수고하며 바람을 잡는 것보다

한 손에만 가득하고 평온함이 더 나으니라."

그러므로 평강은 모두가 원하는 부자가 되는 것보다 더 큰 복입니다. 나아가서, 본문에 나타나 있는 4가지 복 중 가장 큰 복입니다. 그런데, 평강이 왜 이처럼 가장 큰 복인지 아십니까? 공주잖아요! 게다가 예쁘잖아요. 평강공주! 농입니다.^^

평강이 가장 큰 복인 이유는 사도들의 기원이 보여주듯이, 은혜의 단짝으로 은혜의 목적이요 은혜의 결과이기 때문입니다. 그러므로 우리는 평강의 복을 사모해야 합니다. 그런데 이미 설명해드린 은혜에 세 가지가 있었던 것처럼 하나님이 주기 원하시는 평강에도 세 가지가 있습니다. 그것을 여러분에게 설명해드리고자 합니다.

첫째, 하나님과의 평화!

로마서 5:1 "그러므로 우리가 믿음으로 의롭다 하심을 받았으니 우리 주 예수 그리스도로 말미암아 **하나님과 화평**을 누리자."

예수님은 산상수훈에서 이렇게 말씀하셨습니다.

마태복음 5:25 "너를 고발하는 자와 함께 길에 있을 때에 급히 **사화하라.** 그 고발하는 자가 너를 재판관에게 내어 주고 재판관이 옥리에게 내어 주어 옥에 가둘까 염려하라."

그런데 이보다 더 급한 것이 있습니다. 바로 하나님과 화해하는 것입니다.

그러면 왜 우리가 하나님과 급화해 해야 할까요?

이유가 두 가지인데, 먼저 사람은 본래 모두 하나님의 원수이기 때문입니다.

골로새서 1:21 "전에 악한 행실로 멀리 떠나 **마음으로 원수가 되었던 너희를**"

로마서 5:10 "**곧 우리가 원수 되었을 때에** 그의 아들의 죽으심으로 말미암아 하나님과 화목하게 되었은즉"

인류가 하나님의 원수가 된 것은 죄 때문입니다.

로마서 8:7 "**육신의 생각은 하나님과 원수가 되나니** 이는 하나님의 법에 굴복하지 아니할 뿐 아니라 할 수도 없음이라."

야고보서 4:4 "간음한 여인들아 **세상과 벗된 것이 하나님과**

원수 됨을 알지 못하느냐? 그런즉 누구든지 세상과 벗이 되고자 하는 자는 스스로 하나님과 원수 되는 것이니라."

인류는 죄 때문에 하나님의 원수가 되었습니다. 그래서 모두 하나님의 진노의 대상입니다.

에베소서 2:3 "전에는 우리도 다 그 가운데서 우리 육체의 욕심을 따라 지내며 육체와 마음의 원하는 것을 하여 다른 이들과 같이 **본질상 진노의 자녀이었더니**"

이것이 하나님과 급화해 해야 할 첫 번째 이유입니다.
다음으로, 하나님께서 원수들을 심판하실 것이기 때문입니다.

히브리서 9:27 **"한번 죽는 것은 사람에게 정해진 것이요 그 후에는 심판이 있으리니"**

누가복음 19:27 "내가 왕 됨을 원하지 아니하던 **저 원수들을 이리로 끌어다가 내 앞에서 죽이라** 하였느니라."

이처럼 하나님은 임종 때와 재림 때 원수들을 심판하고 죽일 것입니다. 그런데 죽음이 단지 죽는 것이 아니라 둘째 사망, 즉 지옥영벌입니다. 그러므로 우리 모두 하나님과 급히 화해해야 합니다.

그런데 어떻게 해야 하나님과 화해할 수 있을까요?

그것이 쉽지 않습니다. 참 어렵습니다. 돈으로도 안 되고, 선행으로도 안 되고, 종교로도 안 됩니다. 오직 예수님을 통해서만 가능합니다.

디모데전서 2:5 **"하나님은 한 분이시요 또 하나님과 사람 사이에 중보자도 한 분이시니 곧 사람이신 그리스도 예수라."**

왜냐하면 우리와 달리 흠 없고 점 없이 온전히 의로우신 예수님만이 하나님이 인정하시는 유일한 화목제물이 될 수 있기 때문입니다.

로마서 3:25-26 "이 예수를 하나님이 그의 피로써 믿음으로 말미암는 **화목제물**로 세우셨으니 **이는** 하나님께서 길이 참으시는 중에 **전에 지은 죄를 간과하심으로** 자기의 의로우심을 나타내려 하심이니 곧 이 때에 자기의 의로우심을 나타내사 자기도 의로우시며 또한 **예수 믿는 자를 의롭다 하려 하심이라.**" 때문에 이사야 선지자는 이렇게 예언했습니다.

이사야 53:5 "그가 찔림은 우리의 허물을 인함이요 그가 상함은 우리의 죄악을 인함이라. **그가 징계를 받음으로 우리가 평화를 누리고** 그가 채찍에 맞음으로 우리가 나음을 입었도다."

또, 예수님이 태어나신 날 천사들이 이렇게 찬양했습니다.

누가복음 2:14 "지극히 높은 곳에서는 하나님께 영광이요 **땅에서는 하나님이 기뻐하신 사람들 중에 평화로다.**"

또한, 사도들도 소리를 높여 이렇게 증거 했습니다.

로마서 5:10 "곧 **우리가 원수 되었을 때에 그의 아들의 죽으심으로 말미암아 하나님과 화목하게 되었은즉**"

골로새서 1:20 "**그의 십자가의 피로 화평을 이루사** 만물 곧 땅에 있는 것들이나 하늘에 있는 것들이 **그로 말미암아 자기와 화목하게 되기를 기뻐하심이라.**"

고린도후서 5:18-20 "모든 것이 하나님께로서 났으며 **그가 그리스도로 말미암아 우리를 자기와 화목하게 하시고 또 우리에게 화목하게 하는 직분을 주셨으니** 곧 하나님께서 그리스도 안에 계시사 세상을 자기와 화목하게 하시며 그들의 죄를 그들에게 돌리지 아니하시고 화목하게 하는 말씀을 우리에게 부탁하셨느니라. **그러므로 우리가 그리스도를 대신하여 사신이 되어 하나님이 우리를 통하여 너희를 권면하시는 것 같이 그리스도를 대신하여 간청하노니 너희는 하나님과 화목하라."**

맞습니다. 베드로가 말한 것처럼 복음은 "화평의 복음"(행 10:36)입니다. 그러므로 우리는 오직 예수님의 십자가 공로를 믿고 죄를 회개하고 예수님을 믿음으로써만 하나님과 화목할 수 있습니다. 그런데 여러분 중에 아직도 복음을 거부하고 있는 분들이 있지는 않습니까? 그분들은 하나님을 두려워해야 합니다. 지금 복음을 받아들이고 죄를 회개하고 예수님을 믿어야 합니다. 꼭 그렇게 하십시오. 그리하여 언제 임할지도 모르는 죽음과 재림으로 하나님의 심판대 앞에 서기 전에 급히 하나님과 화목을 이루는 여러분 되시기 바랍니다.

한편, 우리는 우리가 하나님과 화목하게 된 것을 당연하게 여기면 안 됩니다. 전에 우리는 하나님의 원수였습니다. 하나님의 진노의 대상이고, 지옥 불에 던져질 자였습니다. 그런데 예수님이 화목제물이 되기 위해 사람이 되어 이 땅에 오셨습니다. 그리고 십자가에서 나 대신 피 흘리고 고통 당하셨습니다. 그래서 하나님과의 화목이 가능해졌고 하나님의 자녀가 되었습니다. 그러므로 이것을 기억하고 그 은혜에 깊이 감사 드리고 영원히 감사와 찬송과 경배를 주님께 올려드려야 합니다.

둘째, 마음의 평화!

요한복음 14:27 "**평안을 너희에게 끼치노니 곧 나의 평안을 너희에게 주노라.** 내가 너희에게 주는 것은 세상이 주는 것과 같지 아니하니라."[22]

죠슈아 리브맨은 베스트셀러 『평안한 마음』이라는 책을 쓴 유명 작가입니다. 그런데 그가 이 책을 쓰게 된 동기가 있습니다. 어렸을 때 그는 가지고 싶은 것들의 목록을 만들었습니다. 건강, 사랑, 재능, 권력, 부가 그것이었습니다. 그는 주변 사람들에게 이것을 보여주며 나는 이것들을 위해 평생 전

---

[22] 그 외, 다음 구절들도 마음의 평화와 관계가 있다.
 로마서 2:9-10 "악을 행하는 각 사람의 **영에는** 환난과 곤고가 있으리니 먼저는 유대인에게요 그리고 헬라인에게며 **선을 행하는 각 사람에게는 영광과 존귀와 평강이 있으리니** 먼저는 유대인에게요 그리고 헬라인에게라."
 로마서 8:5-6 "육신을 따르는 자는 육신의 일을, **영을 따르는 자는 영의 일을 생각하나니** 육신의 생각은 사망이요 **영의 생각은 생명과 평안이니라.**"
 로마서 14:17 "**하나님의 나라는** 먹는 것과 마시는 것이 아니요 **오직 성령 안에 있는 의와 평강과 희락이라.**"
 로마서 15:13 "소망의 하나님이 모든 기쁨과 **평강을 믿음 안에서 너희에게 충만하게 하사** 성령의 능력으로 소망이 넘치게 하시기를 원하노라."

력투구할 것인데 어떻게 생각하느냐고 물어보았습니다.

그때 한 사람이 목록을 훑어보고 "죠슈아! 훌륭한 목록이야. 그러나 가장 중요한 것 하나가 빠져 있어. 그것은 주님이 주시는 마음의 평안이야!"라고 말했습니다.

이 말을 듣고 그는 마음을 고쳐먹었습니다. 그리고 열심히 신앙생활하면서 주님이 주시는 마음의 평안을 누리며 살았습니다. 그 후 경험자로서 마음의 평안의 중요성을 알리기 위해 이 책을 썼다고 합니다.[23]

이 이야기가 보여주듯이, 참 평화는 참 신자의 마음속에 있습니다. 그런데 이런 마음의 평화를 누구보다 깊이 누리고 가장 잘 설명한 사람이 있습니다. 바로 인도의 성자 썬다 싱입니다. 그는 마음의 평화에 대한 주옥과 같은 수많은 명설명들을 남겼는데, 그 중에 몇 가지를 여러분에게 소개해드리고자 합니다.

> "사람들은 이 세상의 것들로 자신의 마음의 평화를 얻으려고 애쓴다. 그러나 그것은 허사일 뿐이다. 경험을 통해서 증명되는 것처럼 참 평화와 만족은 이 세상 것에서는 찾아볼 수가 없다. 마치 어린 아이가 양파 껍질을 벗기고 그 속에서 무

---

[23] 강문호 『작은 것도 아름다워라』 서울: 한국가능성계발원, 1996. p. 38.

언가를 얻어 보려는 것과 같다. 그는 마침내 껍질밖에는 아무 것도 발견하지 못할 것이다." [24]

"경험상 사람이 나면서부터 가진 본래의 선함으로 인해서는 마음의 참 평화를 얻지 못하며 구원과 영생의 확증을 얻을 수 없음을 이미 깨달은 사람이 많다. 청년이 나에게 와서 '영생을 얻으려면 어찌하면 되오리까?'라고 질문한 것은 이런 이유 때문에서이다. … 만약 선행이 그에게 평화를 주었더라면 그는 결코 나에게 질문하러 오지 않았을 것이다." [25]

"우리가 평화를 경험하는 것은 죄 가운데서 해방되어 하나님 나라에 들어간 증거이다. 한 번은 한 교수가 나에게 다음과 같이 질문했다.

'당신이 구원받았다는 증거가 어디에 있습니까?'

나는 이렇게 대답했다. '그것은 마치 어떤 것을 먹고서 단맛을 느끼는 것처럼 나는 내가 구원받았다는 것을 마음의 평화를 통해서 압니다.'" [26]

---

[24] 썬다 싱 『그 발 앞에 엎디어』 강홍수 옮김. 서울: 거룩한진주, 2022. pp. 68-69.
[25] 썬다 싱 『그 발 앞에 엎디어』 강홍수 옮김. 서울: 거룩한진주, 2022. pp. 53-54.
[26] 썬다 싱 『썬다 싱 전집(11권 십자가는 천국이다)』 강홍수 옮김. 서울: 성광문화사, p. 21.

"진정한 평강, 그것은 내가 믿는 자들의 마음속에 임재하는 것에서 생기는 것이란다. 그렇다고 해서 그들이 나를 볼 수 있는 것은 아니지만 그 임재를 통한 권능을 느끼며 나의 임재로 말미암아 그들은 행복을 느끼게 된다." [27]

"제 영혼은 대양과 같습니다. 수면에서는 파도와 폭풍우가 일어도 그 밑 깊은 곳에서는 흔들리지 않는 평정이 있습니다." [28]

참으로 깊이가 있는 명언들이지요! 이처럼 마음의 평화는 구원받았다는 증거입니다. 또, 그것은 평강의 왕이 나와 함께 하신다는 증거입니다. 또, 성령 충만의 증거일 뿐 아니라 기도 응답의 증거이기도 합니다.

빌립보서 4:6-7 "아무것도 염려하지 말고 다만 모든 일에 기도와 간구로, 너희 구할 것을 감사함으로 하나님께 아뢰라. **그리하면 모든 지각에 뛰어난 하나님의 평강이 그리스도 예수 안에서 너희 마음과 생각을 지키시리라.**"

또한, 마음이 불안하고 기도하라는 감동이 올 때 방언으

---

27 썬다 싱 『그 발 앞에 엎디어』 강흥수 옮김. 서울: 거룩한진주, 2022. p. 21.
28 B. H 스트리터 · A. J. 아파사미 『사두 썬다 싱』 황선국 옮김. 서울: 은성, 1993. p. 69.

로 충분히 기도할 때 주시는 평강은 하나님의 기적적인 보호에 대한 확실한 증거입니다. 뿐만 아니라, 마음의 평강은 마귀를 짓밟을 수 있는 권세가 우리에게 있다는 강력한 증거이기도 합니다.

로마서 16:20 **"평강의 하나님께서 속히 사탄을 너희 발아래에서 상하게 하시리라.** 우리 주 예수의 은혜가 너희에게 있을지어다."

이 구절은 놀랍게도, 평강이 영적인 강력한 무기라는 것을 보여줍니다. 릭 조이너는 『두려움으로부터 자유』라는 책에서 이렇게 썼습니다.

"우리가 하나님의 평강 안에서 견고하게 자리 잡게 되기까지 이 위대한 군대의 일원이 될 수 없습니다. …
하나님의 사람들에게 주어져 온 가장 강력한 무기들 가운데 하나는 평강입니다. 우리는 평강이 무기가 아니라고 생각할 수도 있습니다. 그러나 그것은 … 무기입니다. … 우리가 하나님의 평강 안에 거할 때 그것은 원수에게 … 무기가 됩니다."[29]

---

[29] 릭 조이너 『두려움으로부터 자유』 김병수 옮김. 서울: 은혜출판사, 2003. p. 85.

또, 프랜시스 프랜지팬은 『영적 전투의 세 영역』이라는 책에서 이렇게 썼습니다.

"하나님의 평강을 이루었을 때 여러분은 권세를 가진 것입니다. 그러므로 참으로 영적 권세를 따라 움직일 수 있기 위해 먼저 평강을 갖지 않으면 안 됩니다.

사도 바울은 '평강의 하나님께서 속히 사탄을 너희 발아래서 상하게 하시리라'고 가르쳤습니다(롬 16:20). 우리가 영적 싸움 한 가운데서도 평강을 유지할 때, 이는 사탄으로부터 오는 억눌림과 두려움에 대해 치명상을 입히는 일격이 됩니다. …

여러분이 누리는 평강은 승리에 대한 증거입니다. 폭풍을 다스리신 예수님의 권세는(마 8:23-27) 날씨에 대해 가지셨던 주님의 평강이 그대로 나타나고 또 확대되어 행사된 것이었습니다. 주님은 폭풍을 상대로 싸우시거나 또 이를 두려워하지도 않으셨습니다. 주님은 폭풍의 노도를 마주 대하시고 온전한 평강 속에서 주님의 권세로 이를 잠잠케 하셨습니다. …

승리가 있는 곳에는 평강이 있습니다. 사탄이 여러분을 향해 창을 던질 때, 여러분이 역경 중에 평강을 가지면 가질수록 여러분은 더욱 그리스도의 승리 안에서 행하게 됩니다." [30]

---

[30] 프랜시스 프랜지팬 『영적 전투의 세 영역』 이재인 옮김. 씨애틀: 포도원, 1992. pp. 51-52.

어떤 분들은 아무리 그래도 그렇지 평강이 어떻게 무기가 될 수 있느냐고 물을지도 모르겠습니다. 그러나 이미 설명해 드린 대로 평강은 우리가 하나님 자녀의 권세를 가지고 있다는 증거입니다. 즉, 마귀에 대해 권세가 있다는 증거입니다.

요한복음 1:12 **"영접하는 자 곧 그 이름을 믿는 자들에게는 하나님의 자녀가 되는 권세를 주셨으니"**

마가복음 16:17 **"믿는 자들에게는 이런 표적이 따르리니 곧 그들이 내 이름으로 귀신을 쫓아내며"**

에베소서 1:19 "그의 힘의 위력으로 역사하심을 따라 **믿는 우리에게 베푸신 능력의 지극히 크심이 어떠한 것을 너희로 알게 하시기를 구하노라.**"

또, 평강은 예수님이 우리와 함께하신다는 증거입니다.

이사야 9:6 **"이는 한 아기가 우리에게 났고 한 아들을 우리에게 주신 바 되었는데** 그의 어깨에는 정사를 메었고 그의 이름은 기묘자라, 모사라, 전능하신 하나님이라, 영존하시는 아버지라, **평강의 왕이라 할 것임이라.**"

그런데 성경에는 이렇게 기록되어 있습니다.

사도행전 10:38 "하나님이 나사렛 예수에게 성령과 능력을 기름 붓듯 하셨으매 그가 두루 다니시며 선한 일을 행하시고 **마귀에게 눌린 모든 사람을 고치셨으니 이는 하나님이 함께 하셨음이라.**"

또, 평강은 우리가 하나님께 순종하고 있다는 증거입니다.

이사야 48:18 **"네가 나의 명령에 주의하였더라면 네 평강이 강과 같았겠고"**

로마서 2:10 **"선을 행하는 각 사람에게는 영광과 존귀와 평강이 있으리니** 먼저는 유대인에게요 그리고 헬라인에게라."

로마서 8:5-6 "육신을 따르는 자는 육신의 일을, **영을 따르는 자는 영의 일을 생각하나니** 육신의 생각은 사망이요 **영의 생각은 생명과 평안이니라.**"

로마서 14:17 **"하나님의 나라는** 먹는 것과 마시는 것이 아니요 **오직 성령 안에 있는 의와 평강과 희락이라."**

그런데 성경에는 이렇게 기록되어 있습니다.

야고보서 4:7 "그런즉 너희는 하나님께 복종할지어다. 마귀를 대적하라. 그리하면 너희를 피하리라."

마지막으로, 평강은 다름 아닌 믿음에서 나옵니다.

로마서 15:13 "소망의 하나님이 모든 기쁨과 **평강을 믿음 안에서 너희에게 충만하게 하사** 성령의 능력으로 소망이 넘치게 하시기를 원하노라."

그런데 성경에는 이렇게 기록되어 있습니다.

베드로전서 5:8-9 "근신하라 깨어라! **너희 대적 마귀가 우는 사자 같이 두루 다니며 삼킬 자를 찾나니 너희는 믿음을 굳건하게 하여 그를 대적하라.**"

여러분, 이제 왜 평강이 강력한 영적인 무기인지 아시겠지요! 그러므로 평강이 있을 때 우리는 마귀를 발아래 밟을 수 있습니다. 그리고 상하게 할 수 있습니다. 이것은 실제입니다. 일례로, 주님은 썬다 싱에게 이렇게 말씀하셨습니다.

"가장 치열한 영적 전투 중에서든지 또는 그들이 십자가를 지는 그때에 나는 그들이 용기를 잃지 않도록 놀랄 만한 평강을 그들에게 준다. 예를 든다면 나의 충실한 **순교자**가 그의 말과 행동으로 나를 증거하여 대적들이 그를 붙잡아 거꾸로 나무에 매달았을 때 그는 고통을 전혀 모르는 듯한 마음의 평화를 가지고 박해하는 자를 향하여 이와 같이 말하였다.

'**이렇게 나를 대하는 것은 나를 조금도 괴롭게 못할 뿐 아니라 또한 이상한 것도 아닙니다.** 왜냐하면 믿는 자의 입장으로 보면 모든 것이 다 거꾸로 되고 있는 세상이므로 지금 여러분은 자기의 성질대로 나를 거꾸로 매달았습니다. 그러나 사실은 바로 서 있는 자는 바로 접니다. 환등기의 필름을 거꾸로 넣으면 그림이 바로 비치는 것같이 저의 눈은 지금 세상을 거꾸로 보고 있으나 하나님과 천국의 앞에서는 저는 영원히 바로 선 자입니다. **저는 이 영광스러운 십자가를 인하여 하나님을 찬양합니다.**'"[31]

또, 제가 여러분에게 추천한 『스미스 위글스워스처럼』이라는 책에 보면 이런 일화가 나옵니다.

---

31 썬다 싱 『그 발 앞에 엎디어』 강홍수 옮김. 서울: 거룩한진주, 2022. p. 117.

"그의 주인이신 예수님처럼, 위글스워스는 권세 있는 사람이었다. 그는 미국 캔자스시티(Kansas City)에서 귀신들린 여자를 위해 기도해달라는 요청을 받았다. 그가 그 집에 도착했을 때, 그 여자 안에 있는 귀신의 세력이 가장 극심한 욕설을 퍼부었다. 이에 그는 예수님의 이름으로 악한 영들에게 떠나라고 명령했다. 그런 다음 그 집을 떠나려고 문으로 걸어가고 있는데 그 여자가 따라와 무지막지한 저주와 욕설을 퍼부어댔다. 그는 '내가 기도할 때 믿음으로 기도하지 않은 것 같은데 … 돌아가서 한 번 더 기도하는 것이 좋겠어'라고 말하지 않았다. 그가 그렇게 했다면 실패로 돌아갔을 것이다.

그는 돌아서서 그 여자 안에 있는 귀신에게 다음과 같이 권위 있게 선포했다. '내가 네게 떠나라고 이미 명하였다.' 그것으로 충분했다. 그 여자는 귀신의 세력에서 완전히 해방되었고, 그녀의 담임목사가 후에 말하기를 그녀에게 다시는 귀신들림이 없었다고 했다."[32]

또한, 이번 11차 아프리카 선교여행을 떠나기 전 진성원 목사님과 나눈 말들이 생각이 납니다. 사실 이번 치유전도대성회는 상당히 오랜만입니다. 그래서 전처럼 치유가 강력하

---

[32] 스탠리 H. 프롯쉠 『스미스 위글스워스처럼』 오태용 옮김. 서울: 베다니, 2023. pp. 107-108.

게 일어나야 하는데 혹시 약해졌으면 어떻게 하지? 라는 생각이 들었습니다. 그런데 그 말을 듣고 진 목사님은 얼굴이 상기되어 담대함과 자신감 그리고 평화를 가지고, 하나님께서 아프리카에 가기만 하면 이상하게 담대함을 부어주신다고 "조금도 걱정이 되지 않는다"고 자신 있게 말했습니다. 정말 믿음직스러웠습니다. 그리고 간 후 날 때부터 소경이었던 사람들의 눈이 떠지는 놀라운 기적들이 일어났습니다. 이것은 우리 마음에 평강이 가득하면 실제로 마귀를 발아래 밟고 상하게 할 수 있다는 것을 보여주는 또 하나의 좋은 사례입니다.

사도 바울은 "그리스도의 평강이 너희 마음을 주장하게 하라."(골 3:15)고 했습니다. 여기서 주장하게 하라는 말은 지배하게 하라는 뜻입니다. 그러므로 의심이나 불안, 걱정이나 두려움이 여러분의 마음을 지배하게 허락하지 마십시오. 오직 하나님의 평강이 여러분의 마음을 지배하게 하십시오. 그리하여 능히 마귀를 발아래 밟고 상하게 할 수 있는 저와 여러분이 다 되시길 바랍니다.

끝으로, 캐더린 쿨만이 마음의 평강에 대해 한 말을 하나 소개해드리고 싶습니다.

"당신은 세계에서 가장 부유한 사람일지도 모르지만, 돈으로 평안을 살 수는 없습니다. 나는 나이를 먹으면 먹을수록 점점 더 마음의 평안을 귀하게 여깁니다. 마음의 평안을 가진 채로 하루해를 마감할 수 있는 것은 이 세상에서 가장 큰 보물입니다. 그것은 값을 환산할 수 없을 정도로 가치 있는 것입니다. 밤에 몸을 누이고 눈을 감고 잠들기 전, 그 최후의 순간에 마음의 평안을 가질 수 있다는 것은 인생에서 최고의 선물입니다." [33]

옳은 말이지요! 참으로 마음의 평화가 최고의 복입니다.
그런데 과연 이 마음의 평화가 여러분 속에 있습니까? 만약 전혀 없다면 매우 심각한 상태입니다. 그러므로 지금 평강의 주님께 회개하고 구하시고 오늘 드린 말씀의 빛을 따라서 행하는 자가 되십시오. 그래서 마음의 평화가 여러분 안에 가득하게 하십시오. 그리하여 여러분 모두 원수 마귀가 두려워 떠는 주의 큰 용사들로 일어나시게 되기 바랍니다.

셋째, 영원무궁한 평화!

---

[33] 캐더린 쿨만 『이 보배를 질그릇에 가졌으니』 김병수 옮김. 서울: 은혜출판사, 2002. pp. 257-258.

주님이 주신 마음의 평화는 우리 마음에 임하는 천국입니다.

로마서 14:17 "**하나님의 나라는** 먹는 것과 마시는 것이 아니요 **오직 성령 안에 있는 의와 평강과 희락이라.**"

그만큼 가치가 엄청난 것입니다. 썬다 싱은 마음의 천국이 있는 사람만 천국에 들어갈 수 있다고 말했습니다.

그런데, 천국이 어떤 나라입니까?

평강의 왕이 다스리는 완전한 샬롬, 즉 완전한 평화의 나라입니다. 이 세상 나라의 평화는 일시적이고 불완전합니다. 예를 들어, 코로나19 전에 한동안 마태복음 24장 7절의 "민족이 민족을, 나라가 나라를 대적하여 일어나겠고"라는 예수님의 예언과 달리 전쟁이 없었습니다. 그러더니 러시아가 우크라이나를 침공하고, 하마스가 이스라엘을 공격하고, 이란 혁명수비대(IRGC) 쿠드스군이 미군을 공격하고, 중국은 대만에 무력통일 운운하며 으르렁거리고, 북한의 김정은도 전쟁 운운하며 공갈협박을 늘어놓고 있습니다. 다시 세상이 예수님의 예언대로 되어가고 있습니다.

이것이 보여주듯이 세상 나라에는 완전한 평화가 없습니다. 역사를 돌이켜 보면 바벨론, 메대 바사, 헬라, 로마제국 등 그 시대 최강국들이 영원할 것 같지만 다 망했습니다. 아마도 미국도 예외가 아닐 것입니다. 그러나 다니엘서에 거듭 나온 대로 하나님의 나라는 영원히 망하지 않습니다.

> 다니엘 4:3 "참으로 크도다 그의 이적이여, 참으로 능하도다 그의 놀라운 일이여, **그의 나라는 영원한 나라요 그의 통치는 대대에 이르리로다.**"

> 다니엘 4:34 "이에 내가 지극히 높으신 이에게 감사하며 영생하시는 이를 찬양하고 경배하였나니 **그 권세는 영원한 권세요 그 나라는 대대에 이르리로다.**"

> 다니엘 7:13-14 "내가 또 밤 환상 중에 보니 인자 같은 이가 하늘 구름을 타고 와서 옛적부터 항상 계신 이에게 나아가 그 앞으로 인도되매 그에게 권세와 영광과 나라를 주고 모든 백성과 나라들과 다른 언어를 말하는 모든 자들이 그를 섬기게 하였으니 **그의 권세는 소멸되지 아니하는 영원한 권세요 그의 나라는 멸망하지 아니할 것이니라.**"

> 다니엘 7:27 "나라와 권세와 온 천하 나라들의 위세가 지극히 높으신 이의 거룩한 백성에게 붙인 바 되리니 **그의 나라는 영원한 나라이라.**"

하나님 나라는 "흔들리지 않는 나라"(히 12:28)입니다. 세상 나라들과 달리 영원한 나라입니다. 우리는 그 나라에서 영원히 평화롭게 살 것입니다. 그것을 성경은 이렇게 묘사했습니다.

이사야 11:6-9 **"그 때에 이리가 어린 양과 함께 살며 표범이 어린 염소와 함께 누우며 송아지와 어린 사자와 살진 짐승이 함께 있어 어린 아이에게 끌리며 암소와 곰이 함께 먹으며 그것들의 새끼가 함께 엎드리며 사자가 소처럼 풀을 먹을 것이며 젖 먹는 아이가 독사의 구멍에서 장난하며 젖 뗀 어린 아이가 독사의 굴에 손을 넣을 것이라. 내 거룩한 산 모든 곳에서 해 됨도 없고 상함도 없을 것이니 이는 물이 바다를 덮음 같이 여호와를 아는 지식이 세상에 충만할 것임이니라."**

요한계시록 7:15-16 **"보좌에 앉으신 이가 그들 위에 장막을 치시리니 그들이 '다시는' 주리지도 아니하며 목마르지도 아니하고 해나 아무 뜨거운 기운에 상하지도 아니하리니"**

요한계시록 21:3-4 **"보라 하나님의 장막이 사람들과 함께 있으매 하나님이 그들과 함께 계시리니 그들은 하나님의 백성**

이 되고 하나님은 친히 그들과 함께 계셔서 모든 눈물을 그 눈에서 닦아 주시니 '다시는' 사망이 없고 애통하는 것이나 곡하는 것이나 아픈 것이 '다시' 있지 아니하리니 처음 것들이 다 지나갔음이러라."

계시록의 "다시는"이라는 단어에 주목하십시오. 천국에서 우리는 '다시는' 주리지 아니하며 목마르지 아니하고 해나 아무 뜨거운 기운에 상하지 않게 될 것입니다. 또, 우리에게 '다시는' 사망이 없고 애통하는 것이나 곡하는 것이나 아픈 것이 있지 않을 것입니다. 이와 같이 천국은 완전한 샬롬, 즉 영원한 평화를 누리는 나라입니다.

그런데, 하나님은 우리에게 그 누구도 빼앗을 수 없는 천국의 영원한 평화를 주기 원하십니다. 천국은 하나님이 주시기 원하는 최고의 복입니다(마 25:34). 그러므로 우리는 아브라함이 나그네처럼 살면서 본향을 바라보았던 것처럼, 또 바울이 자기 몸을 쳐서 복종시키며 위에서 부르는 상인 궁극적인 구원을 위해 산 것처럼 천국을 우리 최종 목표로 삼고 살아가야 합니다.

여러분, 여러분이 온갖 오해와 비난과 불이익을 감수하고 우리 교회에 다니는 이유가 무엇입니까? 천국 아닙니까? 또, "영생의 말씀이 여기 있으매 우리가 누구에게로 가오리이까?"라고 고백하며 우리 교회에 깊이 뿌리내리는 이유도 바로 천국 아닙니까? 기뻐하십시오! 하나님은 천국을 우리에게 주시기로 작정하셨습니다. 저는 다음 구절이 하나님이 우리 교회의 성도님들에게 주시는 말씀이라고 생각합니다.

누가복음 12:32 "적은 무리여 무서워 말라. 너희 아버지께서 그 나라를 너희에게 주시기를 기뻐하시느니라."

물론 우리가 무조건적 혹은 자동적으로 천국에 가게 되는 것은 아닙니다. 그래서 명심해야 할 것이 있습니다. 그것은 바로 하나님과의 평화, 마음의 평화, 천국에서의 영원한 평화, 이 세 가지 평화가 인과관계로 하나로 묶여 있다는 것입니다. 서로 불가분의 관계입니다.

우리는 십자가의 은혜를 통해 하나님과 화평하게 된 결과 마음의 평화를 얻습니다. 또, 마음에 평화가 있는 사람만 평화의 나라인 천국에 들어갈 수 있습니다. 십자가의 은혜, 하나님과의 평화, 마음의 평화, 평화의 나라 순입니다. 이 순서는 우리에게 중요한 것을 가르쳐줍니다.

첫째, 예수님의 십자가가 아니면 절대로 하나님과 화해할 수 없습니다.

둘째, 하나님과 화평하지 않은 자는 절대 마음의 평화를 누릴 수 없습니다.

셋째, 마음의 평화가 없는 사람은 진짜 하나님과 화목을 이룬 것이 아닙니다.

넷째, 마음의 평화가 없는 사람은 죽은 후에 결코 천국에 들어갈 수 없습니다.

그러니 마음의 평화가 얼마나 놀라운 복인지 모릅니다. 그러므로 참으로 평강이야말로 하나님이 주시는 4가지 복 중 최고의 복입니다.

한편, 저는 이 세 가지 평화 외에도 하나님께서 우리에게 주고 싶어 하시는 평화가 하나 더 있다고 생각합니다.

레위기 26:3-6 "너희가 내 규례와 계명을 준행하면 내가 너희에게 철따라 비를 주리니 땅은 그 산물을 내고 밭의 나무는 열매를 맺으리라. 너희의 타작은 포도 딸 때까지 미치며 너희의 포도 따는 것은 파종할 때까지 미치리니 너희가 음식을 배불리 먹고 **너희의 땅에 안전하게 거주하리라. 내가 그 땅에 평화를 줄 것인즉 너희가 누울 때 너희를 두렵게 할 자가 없을 것이며** 내가 사나운 짐승을 그 땅에서 제할 것이요. **칼이 너희의 땅에 두루 행하지 아니할 것이며**"

시편 122:6-8 "**예루살렘을 위하여 평안을 구하라.** 예루살렘을 사랑하는 자는 형통하리로다. **네 성 안에는 평안이 있고 네 궁중에는 형통함이 있을지어다. 내가 내 형제와 친구를 위하여 이제 말하리니 네 가운데에 평안이 있을지어다.**"

바로 한반도의 평화입니다. 그 증거로, 본문이 언제 우리 교회에 복된 약속으로 주어졌습니까? "제2차 나라와 교회를 위한 21일 특별기도회" 때입니다. 그런데 본문에 나오는 평강에 한반도의 평화가 빠져 있을 리가 있나요? 만약 그것이 빠지고 없으면 세 번째 복 외에 첫 번째와 두 번째 복은 의미가 없습니다. 그래서 저는 평강에 당연히 우리나라의 평화가 들어 있다고 생각합니다.

또, 저는 다음 구절이 우리나라를 향한 하나님 아버지의 마음이라고 생각합니다.

예레미야 29:11-13 "여호와의 말씀이니라. **너희를 향한 나의 생각을 내가 아나니 평안이요 재앙이 아니니라. 너희에게 미래와 희망을 주는 것이니라. 너희가 내게 부르짖으며 내게 와서 기도하면 내가 너희들의 기도를 들을 것이요. 너희가 온 마음으로 나를 구하면 나를 찾을 것이요 나를 만나리라.**"

그런데 11절뿐 아니라 12-13절을 주목하십시오. 기도하고 하나님을 구하고 찾으라고 했지요! 그러므로 우리 모두 더 열심을 내어 아사왕과 유다 백성들이 했던 것처럼 해야 합니다.

> 역대하 15:10-15 "아사왕 제십오년 셋째 달에 그들이 예루살렘에 모이고 그 날에 노략하여 온 물건 중에서 소 칠백 마리와 양 칠천 마리로 여호와께 제사를 지내고 또 **마음을 다하고 목숨을 다하여 조상들의 하나님 여호와를 찾기로 언약하고 이스라엘 하나님 여호와를 찾지 아니하는 자는 대소 남녀를 막론하고 죽이는 것이 마땅하다** 하고 무리가 큰 소리로 외치며 피리와 나팔을 불어 여호와께 맹세하매 온 유다가 이 맹세를 기뻐한지라. **무리가 마음을 다하여 맹세하고 뜻을 다하여 여호와를 찾았으므로 여호와께서도 그들을 만나 주시고 그들의 사방에 평안을 주셨더라.**"

우리는 이미 1-2차 기도회 때 그렇게 했습니다. 그러나 3차 기도회 때도 그렇게 해야 합니다. 그리하면 하나님께서 이 나라를 지켜주시고 반드시 사방에 평화를 주실 것입니다. 할렐루야!

현재 우리나라는 굉장히 불안하고 위험한 상태입니다. 북한과 러시아가 동맹이 되고 있고 무기와 핵무기 기술을 주고 받고 있습니다. 중국도 그들과 한통속이고 회교까지 이들과 줄이 닿아있습니다. 전쟁이 터지면 우리는 북한뿐 아니라 중국과 러시아까지 상대해야 합니다. 그런데도 나라 안에 종북 친중 정치인들과 언론인들이 득실거리고, 국민들도 한미동맹의 중요성을 깨닫지 못하고 어리석게 좌파를 지지합니다. 설상가상으로, 트럼프의 재선 가능성이 매우 높습니다. 그가 당선되면 바이든이 되는 것보다 미국에는 좋겠지만, 한미동맹이 와해되거나 약화될 가능성이 매우 높습니다. 그런 상태에서 미국과 이란이 충돌하고, 중국이 대만을 침공하면 그 틈을 타서 김정은이 남침을 감행할 수도 있습니다. 그럴 경우 적화될 가능성이 높습니다. 그러므로 너무 불안하고 위험한 상황입니다.

그러나 너무 걱정하지 마십시오. 트럼프 위에 하나님이 계시고 좌파 위에 하나님이 계십니다. 그러므로 성경에 나오는 이스라엘의 역사를 기억하고 오직 전능하신 하나님을 바라보고 열심히 기도합시다. 그러면 전능하신 하나님께서 이 나라를 지켜주시고 반드시 평화를 주실 줄 믿습니다.

결론을 말씀드리겠습니다. 하나님은 우리 교회와 성도님들에게 본문에 기록되어 있는 4가지 복을 풍성히 부어주시길 원하십니다. 이미 그렇게 하시기로 작정하셨습니다. 그러나 마냥 좋아하기만 하면 안 됩니다. 하나님께서 우리에게 하나님의 얼굴빛을 비추시고 그 얼굴을 드사 복을 부어주시길 원하시는 이유를 깨달아야 합니다.

여러분, 그 이유가 무엇인지 아십니까? 시편 67편에 그것이 나타나 있습니다.

> 시편 67:1-7 "하나님은 우리에게 **은혜**를 베푸사 **복**을 주시고 그의 얼굴빛을 우리에게 비추사 (셀라) 주의 도를 땅 위에, 주의 구원을 모든 나라에게 알리소서! 하나님이여 민족들이 주를 찬송하게 하시며 모든 민족들이 주를 찬송하게 하소서! 온 백성은 기쁘고 즐겁게 노래할지니 주는 민족들을 공평히 심판하시며 땅 위의 나라들을 다스리실 것임이니이다 (셀라). **하나님이여 민족들이 주를 찬송하게 하시며 모든 민족으로 주를 찬송하게 하소서! 땅이 그의 소산을 내어 주었으니 하나님 곧 우리 하나님이 우리에게 복을 주시리로다! 하나님이 우리에게 복을 주시리니 땅의 모든 끝이 하나님을 경외하리로다.**"

이것이 하나님의 마음이고 하나님의 계획입니다. 그러므로 단지 우리가 누리라고 4가지 복을 주시는 것이 아닙니다. 또, 우리나라만 위해 복을 주시는 것이 아닙니다. 하나님께서 우리에게 복을 주시는 이유는, 끝나지 않을 대부흥을 위해서입니다. 그것을 통해 허다한 영혼들을 구원하기 위해서입니다. 그러므로 우리 모두 복이 아니라 하나님의 목적에 집중해야 합니다. 그리고 동기를 바르게 하고 열방의 영혼들을 위해 하나님께 간절히 복을 구해야 합니다.

저는 17살 때 꿈에서 끝이 보이지 않는 인류 역사상 세계 최대의 교회를 보았습니다. 그것이 저의 소명입니다. 또, 신학생 때 여의도순복음교회에 가서 철야기도 후 장의자에 누워서 잘 때 꿈을 꾸었는데, 조용기 목사님이 환하게 웃으면서 나타나 "너는 나의 영적 후계자다!"라고 말했습니다. 그 후 세월이 지나 고바울 목사님이 저를 처음 보고는 "조용기 목사님의 뒤를 잇는 하나님이 택한 차세대 주자"라고 하면서, 겨우 30여 명에 불과한 우리 교회가 "도시에서 가장 큰 교회가 되고 우리나라에서 가장 큰 교회가 될 것"이라고 예언했습니다. 그 예언대로 우리는 지금 출석성도 20만 명 돌파를 앞두고 있습니다. 또, 타 교회 집회 때 우리 교회 부지를 위해 기도하시다가 "무한대의 땅이 보입니다. 목사님은 앞으로 무한대의 목회를 하게 될 것입니다. 어마어마한 목회가 목사님을 기다리고 있습니다."라고 말했습니다. 또, 밥 존스 목사님은 저와 플로리다에서 처음 만났을 때, 전날 제가 세계에서 가장 큰 세쿼이야 나무 숲을 방문하고 왔는데

"당신은 큰 나무가 있는 곳에서 왔습니다. 당신은 그 나무보다 더 큰 나무가 될 것입니다. 당신은 한국뿐 아니라 전 세계를 위해서 현재 준비되고 있는 중입니다."라고 예언했습니다. 그리고 미국 뉴욕에서 함께 식사하다가 뜬금없이 사랑하는교회가 전 세계 모든 나라와 도시에 세워지게 될 것이라고 예언했습니다. 또, 아이반 터틀 목사님은 "목사님이 나이가 지긋하게 될 때 목사님을 통해 수백 수천만 명이 변화되는 것을 보게 될 것"이라고 예언했습니다. 이뿐만이 아닙니다. 김동욱 목사님은 비행기 안에서 수백만 명이나 되는 큰 무리를 보았고 "이것은 베니 힌을 통해서 구원받은 사람들이다."라는 음성을 들었습니다. 또, 수천만 명이나 되는 더 큰 무리를 보았고 "이것은 라인하르트 본케를 통해서 구원받은 사람들이다."라는 음성을 들었습니다. 그 후 수억 명일 수도 있는 가장 큰 무리를 보았고 "이것은 변승우 목사를 통해서 구원받게 될 사람들이다."라는 놀라운 하나님의 음성을 들었습니다.

  솔직히, 저는 이에 대해 듣자마자 '아~ 우리 교회를 통해서 그런 일을 하시겠다는 뜻이구나!'라고 생각했습니다. 제가 그런 일을 할 수 있거나 하게 될 것이라고는 전혀 생각할 수 없었기 때문입니다. 왜냐하면 김동욱 목사님 간증에 나오는 베니 힌은 그 시대에 하나님께 가장 크게 쓰임받은 사람입니다. 베니 힌의 전성기 때는 그가 미국의 어느 지역에서 집회를 해도 20만 명 이상이 모였습니다. 엄청난 사람들이 그의 집회에 참석했고 구원받았습니다. 또, 라인하르트 본케는 아프리카에서 주로 집회를 했는데 한 번 집회에 수백만 명이 모였습니다. 한 타임에 300만 명이 넘는 사람들이 회심하기도 하고, 100만 명이 넘는 사람이 성령세례를 받기도 했습니다. 어마무시하지요!

그러나 저는 초대형집회를 인도하며 수많은 영혼들을 구원한 적이 없습니다. 게다가, 제 나이가 몇 살입니까? 환갑이 넘었습니다. 도대체 언제 그렇게 많은 수를 구원한다는 말입니까? 그래서 그것을 저에 대한 것으로 받아들이지 않았습니다. 솔직히 여러분도 그러셨지요! 자수하시기 바랍니다.

그런데 최근에 성령께서 하나님께서 제게 부어주신 진리가 그 일을 성취하게 될 것이라고 하셨습니다. 여러분, 잘 들으십시오. 이 일은 저의 나이와 상관없습니다. 심지어, 제가 죽어도 상관없습니다. 왜냐하면 제가 죽은 후에도 진리가 살아 역사할 것이고 마침내 이 일을 이룰 것이기 때문입니다.

사람이 아무리 능력이 많아도 죽으면 능력도 함께 땅에 묻힙니다. 엘리사가 갑절의 영감을 받았어도, 또 죽은 시체가 그의 뼈에 닿자 살아났어도 계속 그런 일이 일어나고 있는 것이 아닙니다. 그것으로 끝이었습니다. 또, 스미스 위글스워스가 아무리 대단하고 훌륭해도 그분이 죽음으로써 사역이 끝났습니다. 베니 힌도 마찬가지고 라인하르트 본케 목사님도 마찬가지입니다. 그러나 저는 그렇지 않습니다. 왜냐하면 존 웨슬리나 찰스 피니처럼 저의 주무기와 사역이 하나님의 말씀이기 때문입니다. 그래서 성령님은 제게 이 말씀을 주셨습니다.

> 베드로전서 1:23-25 "너희가 거듭난 것은 썩어질 씨로 된 것이 아니요 썩지 아니할 씨로 된 것이니 살아 있고 항상 있는 하나님의 말씀으로 되었느니라. 그러므로 **모든 육체는 풀과 같고 그 모든 영광은 풀의 꽃과 같으니 풀은 마르고 꽃은 떨어지되 오직 주의 말씀은 세세토록 있도다** 하였으니 너희에게 전한 복음이 곧 이 말씀이니라."

이처럼 사람은 죽어도 주의 말씀은 세세토록 있고 세세토록 살아 역사합니다. 이것이 사도 바울이 죽음을 각오하고 예루살렘으로 떠나면서 에베소 지역의 장로들에게 고별 설교를 할 때 다음과 같이 말한 이유입니다.

> 사도행전 20:31-32 "그러므로 여러분이 일깨어 내가 삼 년이나

밤낮 쉬지 않고 눈물로 각 사람을 훈계하던 것을 기억하라. **지금 내가 여러분을 주와 및 그 은혜의 말씀에 부탁하노니 그 말씀이 여러분을 능히 든든히 세우사 거룩하게 하심을 입은 모든 자 가운데 기업이 있게 하시리라."**

사람은 죽고 가고 주님은 영원하십니다. 또 하나, 은혜의 말씀도 영원합니다. 바울은 죽어도 예수님은 교회와 함께하시고 바울이 쓴 서신들은 그들과 계속 함께합니다. 그리고 성도들을 든든히 세우고 거룩하게 만들어서 하늘나라를 기업으로 받게 만듭니다. 그래서 생전에 3차 전도여행을 통해 구원한 사람보다 바울이 죽은 후 바울서신을 통해서 구원받은 사람이 비교할 수 없을 정도로 많습니다.

저는 감히 바울과 비교할 수 없는 작고 초라한 자입니다. 그러나 하나님의 은혜로 이 점에 있어서 공통점이 있습니다. 그래서 제가 늙고 죽어도 저의 설교와 책들이 남아서 계속 영혼들을 구원할 것입니다. 저는 그것을 잘 압니다. 그래서 곁눈질하지 않고 오로지 이 일에 집중하고 있는 것입니다. 저는 대부분의 목사들처럼 설교하기 위해서 설교 준비를 하지 않습니다. 그들과 두 가지 점이 다릅니다.

첫째로, 저는 설교하기 위해서가 아니라 책을 쓰기 위해 설교 준비를 합니다. 이것이 원고 교정만 하루 종일이 걸리는 이유입니다. 저는 글재주가 많은 사람이 아니고, 그래서 책으로 내도 될 만큼 여러 번 꼼꼼하게 수정을 하기 때문입니다.

둘째로, 저는 제가 설교하는 속도에 맞춰서 설교를 준비하지 않습니다. 어제 확인해보았는데 제게는 이미 A4로 650페이지 이상 설교 준비가 되어 있습니다. 1년 이상 설교할 수 있는 분량으로 1년 동안 설교 준비를 하지 않고 푹 쉬어도 됩니다. 그런데도 계속 설교 준비에 총력을 기울입니다. 이렇게 열심히 설교 준비를 하다가 그 설교를 다 하지 못하고 죽는다 해도 상관없습니다. 진성원 목사님의 아프리카 선교가 보여주듯이 제가 직접 설교해야 하나님의 일이 되는 것이 아니고, 또 제가 살아있어야만 하나님의 일이 되는 것이 아니기 때문입니다. 저는 단지 말씀을 잘 깨닫고 분별해서 정리해놓으면 됩니다. 그러면 우리 교회의 규모가 있고, 해외와 아프리카까지 수많은 교회들이 있기 때문에 퍼져나가게 되어 있습니다. 그것이 예수님이 재림하시는 그날까지 계속해서 열방으로 퍼져나갈 것입니다. 그러면서 끊임없이 수많은 영혼들을 구원할 것입니다. 그러니 결국 그로 인해 구원받는 영혼들이 베니 힌이 구원하거나 라인하르트 본케가 구원한 것보다 많아질까요? 적어질까요? 많아지게 되어 있습니다. 저는 그래서 하나님께서 김동욱 목사님에게 그렇게 보여주시고 말씀하셨다고 생각합니다.

저는 이것을 믿음의 눈으로 현실처럼 바라보고 확신합니다. 그래서 설교하기 위해 혹은 설교하는 속도에 맞춰서 설교 준비를 하지 않고 하나님이 계시하시고, 분별케 하시고, 정립하게 해주시는 보배로운 진리들을 유산으로 남기기 위해 계속 설교 준비에 몰두하는 것입니다. 때문에 얼마 전에도 말했는데, 진성원 목사님이나 허작 목사님이 반드시 명심해야 할 것이 있습니다. 어느 날 제가 죽으면 제 컴퓨터 바탕화면에 "출판할 책"이라는 폴더에서 원고를 완성한 시리즈 설교들을 찾아서 반드시 책으로 출판해야 합니다. 하나님이 그것들을 통해 김동욱 목사님에게 보여준 것을 이루실 것이기 때문입니다.

끝으로, 앞에서 살짝 언급했지만 하나님은 김동욱 목사님에게 보여주신 것을 김옥경, 진성원, 김동욱 목사님 이하 우리 교회의 모든 목회자들과 국내외 모든 성도님들을 통해서 이루실 것입니다. 전에도 말했지만, 여러분 모두가 제가 17살 때 꿈에서 본 태산만 한 보석들입니다. 마치 지체가 모여서 몸이 되듯이, 하나님은 여러분 모두를 사용하셔서 제게 주신 하나님의 꿈을 이루실 것입니다. 그런 점에서 제 꿈은 단지 저의 사명이 아니라 여러분의 사명입니다. 여러분은 시편 67편을 이루기 위해 하나님이 택하신 군대요 용사들입니다. 그러므로 그것을 감당하기 위해 여러분 모두 반드시 하나님이 약

속한 4가지 복을 다 받아야 합니다. 저는 그래서 본문에 기록되어 있는 말씀으로 여러분 모두를 축복하면서 이 설교를 마치고자 합니다.

"여호와는 사랑하는교회 성도들에게 복을 주시고
사랑하는교회 성도들을 지키시기를 원하며
여호와는 그의 얼굴을 사랑하는교회 성도들에게 비추사
은혜 베푸시기를 원하며
여호와는 그 얼굴을 사랑하는교회 성도들을 향하여 드사
평강 주시기를 원하노라!" 아멘!!!

거룩한 진주의 도서들 1

변승우 목사의 저서

우리가 죽을 때까지 초점 맞춰야 할 4가지!
변승우 | 신국판 변형 | 55면 | 5,500원

신앙생활 완벽 가이드
성령의 세 가지 인도!
변승우 | 신국판 | 240면 | 13,000원

더 높은 차원으로 부르시는 하나님!
변승우 | 신국판 | 168면 | 12,000원

신자들이 섬기는 세 가지 우상!
변승우 | 신국판 변형 | 80면 | 7,000원

저자가 쓴 130권 중 대표작!
개신교의 아킬레스건이 된 칭의의 교리
변승우 | 신국판 | 440면 | 23,000원

한국 교회, 개혁 외에는 답이 없다!
쇼킹! 한기총회장과 사무총장의 돈 요구!
변승우 | 신국판 | 188면 | 12,000원

특별기획
다문화TV 초대석 - 인터뷰 전문
사랑하는교회 변승우 목사
변승우 | 신국판 변형 | 64면 | 7,000원

엄선한 천국지옥 방문기!
당신의 영원을 어디서 보낼 것인가?
변승우 편저 | 신국판 | 276면 | 13,000원

영과 혼의 궁금증이 풀리다!
너 자신을 알라!
변승우 | 신국판 | 496면 | 25,000원

저자가 쓴 125권 중 대표작!
당신의 복음은 바울의 복음인가?
변승우 | 신국판 | 532면 | 22,000원

사랑하는 사람을 구원하는 책!
노후준비보다 중요한 사후준비!
변승우 | 신국판 | 184면 | 12,000원
큰글씨 | 신국판 | 232면 | 13,000원

하나님 아빠 아버지!
변승우 | 신국판 변형 | 84면 | 7,000원

우리 산상수훈과 함께 다시 시작해요!(중)
**나는 바리새인보다 나은 의를
가지고 있는가?**
변승우 | 신국판 | 512면 | 20,000원

유대교의 전철을 밟고 있는 개신교!
변승우 | 신국판 변형 | 80면 | 6,000원

우리 산상수훈과 함께 다시 시작해요!(상)
나는 팔복의 사람인가?
변승우 | 신국판 | 524면 | 20,000원

중심이 미래를 좌우한다!
변승우 | 신국판 | 120면 | 7,000원

은사 사역 필독서!
너희는 더욱 큰 은사를 사모하라!
변승우 | 신국판 | 272면 | 12,000원

이 책 한 권이면 계시록이 보인다!
**하나님의 어리석음이
사람보다 지혜롭다!!!**
변승우 | 신국판 | 848면 | 33,000원

지옥에 가는 크리스천들
(수정증보판)
변승우 | 신국판 | 424면 | 12,000원

터
변승우 | 신국판 | 292면 | 9,000원

정경의 권위
변승우 | 신국판 | 160면 | 7,000원

다이아몬드 같은 진리!
변승우 | 신국판 | 488면 | 16,000원

**예정론의 최고난제:
토기장이의 비유 풀이!**
변승우 | 신국판 | 244면 | 12,000원

능력으로 관통되는 복음!
변승우 | 신4.6판 | 76면 | 5,000원
큰글씨 | 신국판 변형 | 84면 | 6,000원

이기는 자가 가는 나라!
변승우 | 문고판 | 48면 | 3,000원
큰글씨 | 신국판 변형 | 56면 | 4,000원

한 가지!
변승우 | 신국판 변형 | 112면 | 6,000원

십일조 대논쟁!
변승우 | 신국판 | 144면 | 7,000원

길
변승우 | 신국판 | 228면 | 7,000원

열방을 위한 하나님의 전략!
변승우 | 신국판 | 184면 | 9,000원

정통보다 더 성경적인 교회!
변승우 | 신국판 | 180면 | 8,000원

하나님의 집인가? 귀신의 집인가?
변승우 | 신국판 변형 | 84면 | 5,000원

**당신의 자녀를
하나님의 자녀가 되게 하라!**
변승우 | 신국판 변형 | 108면 | 5,000원

**참으로 하나님의 은혜를
깨달은 날부터!**
변승우 | 신국판 변형 | 64면 | 4,500원

사랑하는교회에 뿌리를 내려라!
변승우 | 신4.6판 | 80면 | 6,000원

제7차 아프리카 선교 보고
오늘도 살아 역사하시는 하나님!
변승우 편저 | 신국판 변형 | 92면 | 7,000원

**"아이고 집사님, 아이고 권사님,
아이고 목사님이 왜 지옥에 계시나요?"**
신국판 변형 | 52면 | 5,000원

**아프리카 선교 현장에서
사도행전이 재현되다!**
신4.6판 | 56면 | 3,500원

주님, 이 구절은 무슨 뜻인가요?
변승우 | 신4.6판 | 132면 | 6,500원

**강남 사는 이작골 스타일 목사의
산소 같은 산행일기 3**
변승우 | 4.6배판 변형 | 328면 | 17,000원

거룩한 진주의 도서들 2

부에 대한 균형 잡힌 가르침!
변승우 | 신국판 | 160면 | 8,000원

사랑하는교회는 어떤 교회인가?
변승우 | 신국판 변형 | 108면 | 6,000원

강남 사는 이작골 스타일 목사의
산소 같은 산행일기 2
변승우 | 4.6배판 변형 | 292면 | 16,500원

해 아래 가장 명백한 진리!
(복음전도용)
변승우 | 문고판 | 24면 | 1,000원
큰글씨 | 신국판 변형 | 24면 | 2,000원

오직 기독교가 길이요 진리요 생명이다!
변승우 | 문고판 | 40면 | 2,000원
큰글씨 | 신국판 변형 | 48면 | 3,000원

성경이 흔들리면 기독교가 무너진다!
변승우 | 신국판 | 164면 | 7,000원

평생 되새겨야 할 가장 중요한 진리!
변승우 | 신국판 변형 | 104면 | 7,000원

동성애 쓰나미!
변승우 | 신국판 | 328면 | 13,000원

믿음의 말씀 바로 알기!
변승우 | 신국판 변형 | 168면 | 8,000원

스카이(SKY)보다 크신 하나님!
변승우 | 신4.6판 | 76면 | 5,000원

하나님께 나아가자!
변승우 | 신국판 변형 | 92면 | 6,000원

하나님의 시선을 끄는 겸손!
변승우 | 신4.6판 | 48면 | 4,000원

땅에 떨어지는 예언들!
변승우 | 신국판 | 216면 | 11,000원

믿음으로 자백하라!
변승우 | 신국판 변형 | 160면 | 7,000원

전염병 경보 발령!
변승우 | 신국판 변형 | 84면 | 5,000원

사랑하는교회(舊 큰믿음교회)
이단시비 종결되다!
변승우 편저 | 신국판 | 196면 | 6,000원

교회를 허무는 마귀의 교리
은사중지론!
변승우 | 신4.6판 | 60면 | 6,000원

당신의 고백을 점검하라!
변승우 | 신국판 변형 | 64면 | 4,000원

종말론 바로 알기!
변승우 | 신국판 변형 | 88면 | 4,500원

아~ 믿으라는 말이 이런 뜻이었구나?
변승우 | 신국판 변형 | 96면 | 5,000원

알면 사랑할 수밖에 없는 하나님
변승우 | 신4.6판 | 40면 | 2,000원

하나님이 주신 비전!
변승우 | 신4.6판 | 136면 | 4,000원

?
변승우 | 신국판 | 312면 | 11,000원

하나님의 부르심
변승우 | 신4.6판 | 60면 | 2,500원

하나님의 선물
변승우 | 신4.6판 | 128면 | 4,000원

크리스천의 문화생활
변승우 | 신4.6판 | 64면 | 2,500원

사랑받고 사랑하는 사람!
변승우 | 신4.6판 | 120면 | 4,000원

강남 사는 이작골 스타일 목사의
산소 같은 산행일기
변승우 | 4.6배판 변형 | 312면 | 16,500원

성경이 무엇을 말하느냐?
변승우 | 신국판 변형 | 168면 | 5,000원

나는 행복합니다
변승우 | 신4.6판 | 124면 | 4,000원

박해
변승우 | 신국판 변형 | 140면 | 5,000원

과부 명부!
변승우 | 신4.6판 | 120면 | 2,500원

멍에
변승우 | 신국판 | 200면 | 5,000원

하나님이 절대주권으로
예정하셨다고요?
변승우 | 신국판 | 296면 | 8,000원

대질심문
변승우 | 신국판 | 324면 | 6,000원

천국의 가장 작은 자가 어떻게
세례 요한보다 클 수가 있나?
변승우 | 신국판 변형 | 96면 | 3,000원

계시
변승우 | 신국판 | 124면 | 4,000원

자의식 대수술!
변승우 | 신국판 | 184면 | 4,500원

종교개혁보다 나를 개혁하는 것이
더 중요하다!
변승우 | 신국판 | 348면 | 9,000원

내가 너희를 사랑한 것같이!
변승우 | 신국판 | 200면 | 4,500원

예언을 멸시하지 말라!
변승우 | 신국판 | 190면 | 5,000원

올바른 성경 읽기
변승우 | 신국판 | 120면 | 6,000원

청년이 무엇으로 그의 행실을
깨끗하게 하리이까?
변승우 | 신국판 | 104면 | 5,000원

푯대
변승우 | 신국판 | 184면 | 5,000원

용서는 나를 위한 것이다!
변승우 | 신국판 | 114면 | 4,000원

종교개혁은 아직 끝나지 않았다!
변승우 | 신국판 | 148면 | 5,500원

거룩한 진주의 도서들 3

주께서 보여주신 선(善)
변승우 | 신국판 | 118면 | 4,500원

할렐루야!
변승우 | 신국판 | 148면 | 4,500원

기름부음 받은 자를 존중하라!
변승우 | 신국판 | 98면 | 7,000원

미혹
변승우 | 신국판 | 136면 | 7,000원

내가 꿈꾸어온 교회
변승우 | 신국판 | 148면 | 4,000원

교회여~ 추수꾼들을 일으켜라!
변승우 | 신국판 | 142면 | 7,000원

습관적인 죄에 대한 새로운 이해!
변승우 | 신국판 | 112면 | 7,000원

예수님이 전부입니다!
변승우 | 신국판 | 114면 | 7,000원

하나님은 용기 있는 사람을 쓰신다!
변승우 | 신국판 | 128면 | 5,000원

주의 음성을 네가 들으니!
변승우 | 신국판 | 128면 | 8,000원

실전 영분별
변승우 | 신국판 | 172면 | 9,000원

여호와의 산, 그 거룩한 곳!
변승우 | 신국판 | 112면 | 4,000원

1세기의 사도와 오늘날의 사도
변승우 | 신국판 | 161면 | 5,000원

장로 그리고 당회는 과연 성경적인가?
(수정증보판)
변승우 | 신국판 | 112면 | 5,000원

패러다임의 전환이 필요한 전통적인 계시관
변승우 | 신국판 | 176면 | 5,000원

날 사랑하심! 날 사랑하심~
변승우 | 신국판 | 176면 | 9,000원

교회가 변하면 세상이 변한다!
변승우 | 신국판 | 250면 | 7,000원

월드컵보다 더 중요한 경기
변승우 | 신국판 변형 | 130면 | 3,500원

말씀 말씀 하지만 성경에서 벗어난 제자 훈련
변승우 | 신국판 변형 | 183면 | 5,000원

긴급수혈
변승우 | 신국판 변형 | 73면 | 5,000원

**그 시에 주시는 그 말을 하라!
즉흥 설교 제5권**
변승우 | 신국판 변형 | 264면 | 7,000원

**그 시에 주시는 그 말을 하라!
즉흥 설교 제4권**
변승우 | 신국판 변형 | 292면 | 7,000원

**그 시에 주시는 그 말을 하라!
즉흥 설교 제3권**
변승우 | 신국판 변형 | 293면 | 7,000원

**그 시에 주시는 그 말을 하라!
즉흥 설교 제2권**
변승우 | 신국판 변형 | 305면 | 7,000원

그 시에 주시는 그 말을 하라!
즉흥 설교 제1권
변승우 | 신국판 변형 | 304면 | 7,000원

양신역사
변승우 | 신국판 변형 | 147면 | 7,000원

명목상의 교인인가?
미성숙한 신자인가?
변승우 | 신국판 변형 | 84면 | 5,000원

정통의 탈을 쓴 짝퉁 기독교
변승우 | 신국판 변형 | 295면 | 5,500원

예수빵 (개정판)
변승우 | 신국판 변형 | 116면 | 7,000원

가짜는 진짜를 핍박한다!
변승우 | 신국판 변형 | 163면 | 5,500원

구원에 이르는 지혜
변승우 | 신국판 변형 | 104면 | 4,500원

꺼져가는 등불, 양심
변승우 | 신4.6판 | 87면 | 2,500원

열방이 너희를 복되다 하리라!
변승우 | 신4.6판 | 77면 | 4,000원

하나님의 인자와 엄위 그 가운데
생명의 좁은 길이 있습니다!
변승우 | 신4.6판 | 156면 | 4,000원

여호와의 입에서 나오는 말씀
변승우 | 신국판 | 268면 | 10,000원

특별히 예언을 하려고 하라!
변승우 | 신국판 | 314면 | 9,000원

목사님, 어떻게 해야
마음이 청결한 자가 될 수 있나요?
변승우 | 문고판 | 90면 | 2,000원

좋은 씨와 맑은 물
변승우 편저 | 신국판 | 300면 | 5,000원

진짜 구원받은 사람도
진짜 버림받을 수 있다!
변승우 | 신국판 | 360면 | 13,500원

Christians Going to Hell
지옥에 가는 크리스천들 [영문]
변승우 | 신국판 변형 | 300면

The Foundation
터 [영문]
변승우 | 신국판 | 256면

根基
터 [중문]
변승우 | 신국판 변형 | 188면

Truth Like a Diamond!
다이아몬드 같은 진리! [영문]
변승우 | 신국판 | 495면

The Gospel Pervaded by Power
능력으로 관통되는 복음! [영문]
변승우 | 신국판 변형 | 41면

大能貫通的福音
능력으로 관통되는 복음! [중문]
변승우 | 신국판 변형 | 44면

거룩한 진주의 도서들 4

The Kingdom of Overcomers
이기는 자가 가는 나라! [영문]
변승우 | 신국판 변형 | 52면

得胜者所进的国
이기는 자가 가는 나라! [중문]
변승우 | 신국판 변형 | 36면

When the Church Changes, the World Changes!
교회가 변하면 세상이 변한다! [영문]
변승우 | 신국판 | 220면

教会改变世界就会改变
교회가 변하면 세상이 변한다! [중문]
변승우 | 신국판 | 212면

The Clearest Truth Under the Sun
해 아래 가장 명백한 진리! [영문]
변승우 | 신국판 변형 | 44면

Christianity Alone Is the Way, and the Truth, and the Life!
오직 기독교가 길이요 진리요 생명이다! [영문]
변승우 | 신국판 변형 | 52면

唯独基督教是道路、真理、生命!
오직 기독교가 길이요 진리요 생명이다! [중문]
변승우 | 신국판 변형 | 32면

An Afterlife Plan More Important Than One's Retirement Plan!
노후준비보다 중요한 사후준비! [영문]
변승우 | 신국판 | 164면

救いに至る知恵
구원에 이르는 지혜 [일본어]
변승우 | 문고판 | 102면

得救的智慧
구원에 이르는 지혜 [중문]
변승우 | 신국판 변형 | 96면

The Book of Acts Reenacted : Missions in Africa!
아프리카 선교 현장에서 사도행전이 재현되다! [영문]
신4.6판 | 60면 | 3,500원

A Selection of Testimonies on Heaven and Hell! Where Will You Spend Your Eternity?
당신의 영원을 어디서 보낼 것인가? [영문]
변승우 편저 | 신국판 | 236면

동역자 도서

영광에서 영광으로
김옥경 | 신국판 | 360면 | 12,000원

From Glory to Glory
영광에서 영광으로 [영문]
김옥경 | 신국판 변형 | 336면

치유에 대한 성경적인 3가지 원리
치유티칭
진성원 | 신4.6판 | 96면 | 6,000원

김동욱 목사 명설교 모음
김동욱 | 신국판 | 232면 | 15,000원

물러서지 않는 것이 신앙이다!
이윤석 | 신4.6판 | 80면 | 3,000원

문맥 안에서 다시 보는
로마서 난해구
이동기 | 신국판 | 296면 | 15,000원

믿음의 순종
이동기 | 신4.6판 변형 | 72면 | 4,500원

팩트 체크!
"변승우 목사가 신사도 운동을 한다?"
이동기 외 2인 | 신4.6판 | 72면 | 4,000원

'주께서'
이 안에 치유의 비결이 있다!
이길용 | 신4.6판 | 116면 | 3,500원

하나님이 창안하신 부부질서
김원호 | 신국판 변형 | 273면 | 8,000원

읽는 자는 깨달을 찐저!
강순방 | 신국판 | 184면 | 5,000원

Let the Readers Understand!
읽는 자는 깨달을 찐저! [영문]
강순방 | 신국판 | 184면

번역서

그 발 앞에 엎디어
썬다 싱 | 신국판 변형 | 152면 | 10,000원

아주사 부흥 - 그 놀라운 간증
토미 웰첼 | 신국판 변형 | 200면 | 12,000원

가브리엘 천사를 만나다
롤랜드 벅 | 찰스 & 프랜시스 헌터 엮음 | 신국판 | 288면 | 15,000원

주여! 내 마음을 살피사
찰스 G. 피니 | 신국판 | 376면 | 8,500원

가브리엘 천사를 만난 사람
롤랜드 벅·샤론 화이트 | 신국판 | 246면 | 7,700원

마귀들에 대한 놀라운 계시
하워드 O. 피트만 | 신국판 | 196면 | 12,000원

내가 너희에게
복을 주리라!

발행일	2024년 3월 12일 초판 1쇄
지은이	변승우
발행인	변승우
발행처	도서출판 거룩한진주
주 소	서울 송파구 위례성대로22길 27-22 (우) 05655
전 화	02-586-3079
팩 스	02-523-3079
Website	http://www.belovedc.com
	http://cafe.daum.net/Bigchurch (B 대문자)
	https://www.youtube.com/c/gfctvmedia
ISBN	979-11-6890-049-3 03230

저작권자의 허락 없이 이 책의 일부 또는 전체를 무단 복제, 전재, 발췌하면 저작권법에 의해 처벌을 받습니다.